Kevin Machura

Kommunale Daseinsvorsorge

Eine ausgabenbasierte
Effektivitäts- und Effizienzbetrachtung

Diplomica Verlag GmbH

Machura, Kevin: Kommunale Daseinsvorsorge. Eine ausgabenbasierte Effektivitäts- und Effizienzbetrachtung, Hamburg, Diplomica Verlag GmbH 2016

Buch-ISBN: 978-3-96146-502-6
PDF-eBook-ISBN: 978-3-96146-002-1
Druck/Herstellung: Diplomica® Verlag GmbH, Hamburg, 2016

Bibliografische Information der Deutschen Nationalbibliothek:
Die Deutsche Nationalbibliothek verzeichnet diese Publikation in der Deutschen Nationalbibliografie; detaillierte bibliografische Daten sind im Internet über http://dnb.d-nb.de abrufbar.

© Diplomica Verlag GmbH
Hermannstal 119k, 22119 Hamburg
http://www.diplomica-verlag.de, Hamburg 2016
Printed in Germany

INHALTSVERZEICHNIS

TABELLENVERZEICHNIS

ABBILDUNGSVERZEICHNIS

TABELLENVERZEICHNIS

ABBILDUNGSVERZEICHNIS

1. Einleitung

1.1 Motivation

Das Aufgabenportfolio des Staates umfasst eine Vielzahl öffentlicher Güter und Dienstleistungen, die zur lebensnotwendigen Versorgung der Bevölkerung für ein funktionsfähiges Wirtschaftssystems unabdingbar sind. Deren Erstellung bzw. Gewährleistung wird unter dem Begriff der Daseinsvorsorge zusammengenommen und umfasst unter anderem die Bereiche Abfall- und Abwasserentsorgung, das Bildungs- und Gesundheitswesen, den Öffentlichen Personennahverkehr (ÖPNV), die Elektrizitäts- und Gasversorgung wie auch die Wasserversorgung. Der besondere Charakter dieser sogenannten Gemeingüter liegt in der nahezu vollkommenen Nicht-Rivalität im Konsum und der Nicht-Ausschließbarkeit von der Versorgung.

Der öffentliche Sektor, häufig auch als öffentliche Hand bezeichnet, umfasst den Wirtschaftsbereich Staat mit seinen Körperschaften Bund, Länder, Kommunen und Gemeindeverbände und die Sozialversicherungsträger. Aus dem Gesamthaushalt der Bundesrepublik Deutschland flossen 2014 ca. 30% der Staatsausgaben in den Bereich der Daseinsvorsorge, was neben der sozio-ökonomischen Relevanz auch deren fiskalische Bedeutung betont.

Eine zunehmende Staatsverschuldung und steigende Ausgaben zur Bewältigung weltwirtschaftlicher Krisen, der Druck nationaler und internationaler Budgetbeschränkungen, Einflüsse der Globalisierung und demografische Veränderungen werfen vermehrt die Frage auf, inwieweit das Angebot und die Qualität an öffentlichen Gütern und Dienstleistungen der Daseinsvorsorge im Zuge einer langfristig auf Wachstum ausgerichteten Fiskalpolitik beibehalten werden kann.

Aus theoretischer Sicht werden die öffentlichen Haushalte doppelt belastet. Die Budgetpolitik der Mitgliedsstaaten der Europäischen Union (EU) orientiert sich an einem gemeinsamen Politikrahmen, der „produktive", d.h. wachstums- und investitionsfördernde Staatsausgaben in den Fokus der staatlichen Ausgabenpolitik legt und dabei auf langfristige Reformprozesse setzt. Auch in internationaler Perspektive lässt sich empirisch belegen, dass umfassende, zukunftsorientierte fiskalische Konsolidierungsmaßnahmen zu effektiveren realwirtschaftlichen Wirkungen führen. Länder mit anhaltenden Budgetüberschüssen und einer niedrigen Verschuldung weisen insgesamt höhere Wachstumsraten auf, wobei kausale Zusammenhänge und Zeitverzögerungen zu beachten sind (Disziplinierungsthese).

Daneben erwachsen durch die zunehmende globale wirtschaftliche Vernetzung individuelle Risiken, welche durch wohlfahrtsstaatliche Leistungen abgesichert werden. Die öffentliche

Budgetpolitik ist mit sich verändernden Rahmenbedingungen konfrontiert, was flexible Reaktionen erfordert (Kompensationsthese).

Mit den Veränderungen einhergehen politisch verengte Handlungsspielräume, die ein effektives und effizientes Ausgaben- und Einnahmensystem zur öffentlichen Aufgabenwahrnehmung bedürfen. Die Bereiche der Daseinsvorsorge stellen aufgrund ihrer Rolle im öffentlichen Produktionsprozess eine wichtige Stellschraube der Fiskalpolitik dar, sind aufgrund der gesellschaftlichen Bedeutung aber gleichzeitig auch besonderer Kritik durch die Öffentlichkeit ausgesetzt. Nichtsdestotrotz ist eine rationale Beurteilung der Effektivität und Effizienz der Staatsausgaben in Bereichen der Daseinsvorsorge geboten. Das Ziel der Arbeit besteht in der Identifizierung allgemeiner Verbesserungspotentiale für die Bereiche der Daseinsvorsorge in Deutschland.

1.2 Aufbau

In einem ersten Schritt werden das Konzept der Daseinsvorsorge und deren Rolle in Deutschland erläutert. .Das zweite Kapitel widmet sich der deskriptiven Analyse der fiskalischen Situation der Bundesrepublik und füllt den Begriff der Daseinsvorsorge mit sachlichen und rechtlichen Inhalten. Neben absoluten Fakten geben insbesondere die Entwicklungen über die Zeit und der Vergleich mit anderen Volkswirtschaften erste Hinweise auf bestehende Verbesserungsmöglichkeiten. Das dritte Kapitel befasst sich mit der Effektivität und Effizienz der Staatsausgaben aus theoretischer Perspektive. Eingehende Begriffsbestimmungen, die Präsentation von Studienergebnissen und das Aufzeigen möglicher Reform- und Modernisierungsansätze dienen als Grundlage für den empirischen Analyseteil der Arbeit. Ein Zwischenfazit fasst bisherige Erkenntnisse zusammen. Im vierten Kapitel erfolgt nun die empirische Untersuchung der Effektivitäts- und Effizienzpotenziale innerhalb der deutschen Daseinsvorsorge. Ein internationaler Querschnittsvergleich von OECD-Staaten und Mitgliedsstaaten der EU und die Aufstellung eines Performance- sowie Effizienzindizes erlauben Aussagen über Verbesserungspotenzial. Dies setzt die Verwendung geeigneter qualitativer und quantitativer Indikatoren voraus, die adäquat sowohl die Ausgabenhöhe, als auch die in der Daseinsvorsorge verfolgten politischen Zielsetzungen, abbilden. Nach Bestimmung der Effizienzmaßstäbe werden einzelne Politikbereiche herausgegriffen und vor allem im Hinblick auf die soeben beschriebenen Herausforderungen und mögliche Handlungsempfehlungen und Reformansätze hin beleuchtet. Dabei wird auf eine Verbesserung der Fiskaldisziplin und eine Effizienzverbesserung durch generelle Aufgabenkritik, neuen Organisationsformen bei der öffentlichen Aufgabenerstellung und den

Einsatz von managementbasierten Monitoring-Instrumenten (New Public Management) in der öffentlichen Verwaltung Bezug genommen. Die Durchführung einer Free-Disposal-Hull-Analyse trägt zu glaubwürdigeren Ergebnissen bei und ermöglicht die Aufstellung eines Rankings über die betrachteten Länder hinweg. Besonderer Vorteil besteht in einer Quantifizierung des Effizienzverbesserungs-potenzials. Das letzte Kapitel (Kapitel 5) schließt mit einem Fazit und verweist auf weiteren Untersuchungs- und Forschungsbedarf.

2. Das Konzept der Daseinsvorsorge in der Bundesrepublik Deutschland

2.1 Begriffsbestimmung und ordnungspolitische Einordnung

Das Konzept der Daseinsvorsorge umfasst kurzgesprochen die Bereitstellung zahlreicher Güter und Dienstleistungen zur Versorgung der Bevölkerung durch den Staat. Der Begriff ist mit einer bestimmten Konturlosigkeit verbunden und weder in Gesellschaft noch Wissenschaft existiert eine klar gefasste Definition über Umfang und Dimension. Die konkrete Ausgestaltung der Daseinsvorsorge wird dabei stark vom geltenden Staatsverständnis und dem gesellschaftlichen Wandel bestimmt. Wohingegen der Begriff „Daseinsvorsorge" selbst überwiegend im deutschen Sprachraum Anwendung findet, bestehen länderübergreifend zwar äquivalente Konzepte, jedoch unter anderen Namen: „universal services" (obligations) in den Vereinigten Staaten von Amerika und Australien, „public services" oder „services of general economic interest" im Vereinigten Königreich, „services publics" oder „services d'intérêt géneral" in Frankreich (Neu, 2009, S.9). Der Terminus wurde erstmalig 1938 vom Staatsrechtler Ernst Forsthoff verwendet. Er grenzt dabei den effektiven Lebensraum, d.h. jenen Bereich in welchem das Dasein des Individuums stattfindet vom beherrschten Lebensraum, d.h. dem Raum, in welchem das Individuum über Gestaltungs- und Verfügungsrechte verfügt, voneinander ab. Unter der Annahme, dass die Größe des beherrschten Raumes negativ mit der Bedürftigkeit des Bürgers korreliert, resultierten die industriell-technischen Entwicklungen und die damit verbundene deregulierende Wirtschafts- und Sozialverfassung in einer Verkleinerung des beherrschten und Vergrößerung des effektiven Lebensraums. Gemäß Forsthoff wird die entstehende Lücke durch die Leistungen der Daseinsvorsorge gefüllt (Forsthoff, 1938).

Daseinsvorsorge ist kein Rechtsbegriff. Betreffende Bereiche und deren Umfang bedürfen jeweiliger Konturierung. Einen ersten Anhaltspunkt liefert die 1935 verabschiedete Deutsche Gemeindeordnung (DGO). Gemäß § 67 DGO müssen Leistungen der Daseinsvorsorge einem öffentlichen Zweck dienen (vgl. § 67 Abs. 1 S. 1 DGO), in Art und Umfang in einem angemessen Verhältnis zur Leistungsfähigkeit des Staates und des Bedarfs stehen (vgl. § 67 Abs. 1 S. 2 DGO) und aus ökonomischer und zweckorientierter Sicht nicht durch einen Dritten besser erstellt werden können (vgl. § 67 Abs.1 S. 3). Die staatliche Aktivität ist an Bedingungen geknüpft. Die wirtschaftliche Tätigkeit im Rahmen der Daseinsvorsorge erfolgt aus ökonomischer Sicht vordergründig zur Korrektur von Marktversagen (u.a. natürliche Monopole und öffentliche Güter). Dementsprechend lassen sich folgende Bereiche für eine flächendeckende, der gesellschaftlichen Entwicklung dienenden Versorgung identifizieren:

- Abwasserentsorgung,

- Abfallwirtschaft,

- Wasser- und Energieversorgung,

- Krankenhäuser und Gesundheitsdienstleistungen,

- Öffentlicher Personennahverkehr,

- Sozialdienstleistungen,

- sozialer Wohnungsbau

- Sparkassen (vgl. Hesse et al. 2009, S. 13).

Im Zuge der europäischen Einigung und der Harmonierungstendenzen in zahlreichen Politikfeldern wird den länderspezifischen Besonderheiten des Daseinsvorsorgekonzepts mit dem Begriff der „Dienstleistungen von allgemeinem wirtschaftlichen Interesse" (DAWI) Rechnung getragen. Im Primärrecht der EU wird deren Bedeutung in Artikel 14 des Vertrags über die Arbeitsweise der Europäischen Union (AEUV) in Verbindung mit dem Protokoll Nr. 26 besonders hervorgehoben. Artikel 36 der Grundrechtecharta der EU betont die Anerkennung und Achtung des Zugangs zu DAWI und deren integrative gesellschaftliche und soziale Funktion. Im Unterschied zum deutschen Begriff umfassen DAWI lediglich marktbezogene Tätigkeiten. Damit verbunden sind konkrete Rechtsfolgen, die sich aus den Wettbewerbsregeln der EU im Sinne der Art. 101 – 109 AEUV ergeben. Sind die Bedingungen einer wirtschaftlichen Tätigkeit nicht gegeben, entfallen diese und es handelt sich um Dienstleistungen von allgemeinem Interesse. Umfang und Auslegung der DAWI ergeben sich folglich allein aus der Rechtsprechung und durch Auslegung der Europäischen Kommission. Richtungsweisend ist dabei der von der Europäischen Kommission erarbeitete „Qualitätsrahmen für Dienstleistungen von allgemeinem wirtschaftlichen Interesse in Europa". Demnach sind DAWI dem Allgemeinwohl dienende wirtschaftliche Tätigkeiten, die ohne staatliche Eingriffe am Markt überhaupt nicht oder in Bezug auf Qualität, Sicherheit, Bezahlbarkeit, Gleichbehandlung oder universaler Zugang nur zu anderen Standards durchgeführt werden könnten (Europäische Kommission, 2011, S. 4). In praktischer Hinsicht wird der Begriff von den Mitgliedsstaaten selbst nach Maßgabe der vorgestellten Bestimmungen mit Inhalt gefüllt. Forsthoffs Auffassung der Daseinsvorsorge fokussiert den Staat als Leistungsträger. Die erwähnte Konturlosigkeit und das sich wandelnde Verständnis des Konzepts findet auch im gegenwärtigen Leitbild der Daseinsvorsorge Ausdruck. Diese kann unter anderem als zentral sozialpolitische Legitimation von Herrschaft in der Industriegesellschaft interpretiert werden (Kersten, 2009, S. 24).

Aufgabenträger der Daseinsvorsorge sind in erster Linie Kommunen. Das im deutschen Grundgesetz (GG) verankerte Sozialstaatsprinzip kommt dabei in den bereitgestellten Gütern und Dienstleistungen der Daseinsvorsorge zum Ausdruck. Die Erstellung oder Produktion dieser Vorsorgeleistungen kann dabei mittels vielfältiger Organisationsformen öffentlicher Unternehmen in staatlicher Eigenregie oder durch Einbeziehung des privaten Wirtschaftssektors erfolgen. Entscheidend ist lediglich die durch den Staat übernommene Gewährleistungsverantwortung[1] (Panetta, 2007, S. 55).

Für öffentliche Unternehmen gelten zahlreiche rechtliche Normen aus verschiedenen Rechtsbereichen. Gemäß Artikel 30 GG ist die Kompetenz der Erbringung, Organisation und Gewährleistung öffentlicher Güter und Dienstleistungen den Ländern zugeteilt[2]. Die wirtschaftliche Tätigkeit der Kommunen im Rahmen der Daseinsvorsorge wird dabei durch die in Art. 28 Abs. GG garantierte kommunale Selbstverwaltung legitimiert. Dementsprechend wird den Kommunen das Recht verliehen, alle Angelegenheiten der örtlichen Gemeinschaft im Rahmen der Gesetze in eigener Verantwortung zu regeln. In der Folge obliegt es der Gemeinde die Bedürfnisse und Interessen der örtlichen Gemeinschaft eigenwirtschaftlich zu führen. Bedeutend ist das öffentliche Interesse, wodurch die wirtschaftliche Betätigung gerechtfertigt wird. Aufgaben der Daseinsvorsorge sind somit öffentliche Aufgaben, die sich aus dem Gemeinwohlauftrag der Gemeinden ergeben. Beschränkungen erfährt die kommunale Selbstverwaltung durch die Interdependenz mit dem europäischen Wettbewerbsrecht und auch durch Bestimmungen in den Gemeindeordnungen der Länder (vgl. Hoppe et al. 2012, S. 33ff.).

2.2 Deskriptive Fakten zur Rolle im Staatshaushalt

Die fehlende eindeutige Abgrenzung des Konzepts und eine fehlender Konsens über relevante Ausgabenbereiche erschwert eine empirische Analyse. Auf Basis der COFOG-Klassifizierung[3]

---

[1] Das Modell des Leistungserstellungsprozess des öffentlichen Sektors kann folgenderweise unterschieden werden. Mit der Durchführungsverantwortung vollzieht der Staat die Produktion öffentlicher Güter und Dienstleistungen in Eigenregie. Die Finanzierungsverantwortung bezieht sich allein auf die Bereitstellung der finanziellen Mittel durch den öffentlichen Sektor, wobei die tatsächliche Produktion auch durch den Privatsektor erbracht werden kann. Übernimmt der Staat die Gewährleistungsverantwortung bedeutet diese, dass die Erstellung der öffentlichen Güter und Dienstleistung zwar garantiert, aber die Art und Weise der Bereitstellung offen bleibt (vgl. Pitlik et al., 2008, S. 112-113).

[2] Daneben erfüllen Kommunen nach Art. 83 ff. GG Aufgaben des Bundes und der Länder in einem übertragenen Wirkungskreis. Dies ist für Post, Telekommunikation und Eisenbahn in Art. 87e Abs. 3 GG und Art. 87f Abs. 2 GG der Fall.

[3] Die Erfassung der Staatsausgaben nach der COFOG-Klassifizierung (10 Divisionen (COFOG-Level I); 69 Gruppen (COFOG-Level II; 109 Klassen (COFOG-Level III) trägt einer einheitlichen Datenerfassung bei. Dies erlaubt vergleichende Analysen. Die Klassifizierung selbst findet auch bei der nachfolgenden Effektivitäts- und Effizienzanalyse Anwendung. Angaben zur Methodik finden sich in Kapitel 4.1.

illustriert Abbildung 1 die öffentlichen Ausgaben der Bundesrepublik Deutschland für das Jahr 2014. Für ausgewählte COFOG-Kategorien, die der Daseinsvorsorge zugerechnet werden, vermitteln absolute und relative Werte einen Eindruck derer haushaltspolitischen Bedeutung.

Abbildung 1 – Öffentliche Ausgaben ausgewählter Bereiche der Daseinsvorsorge, 2014

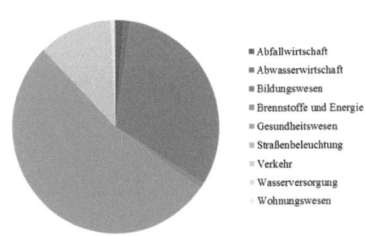

	Ausgaben in Mrd. €	Anteil in %
Ausgaben des Staates	1290.699	100
Abfallwirtschaft	5.135	0.40
Abwasserwirtschaft	4.245	0.33
Bildungswesen	124.866	9.67
Brennstoffe und Energie	3.398	0.26
Gesundheitswesen	209.74	16.25
Straßenbeleuchtung	0.586	0.05
Verkehr	44.958	3.48
Wasserversorgung	0.904	0.07
Wohnungswesen	2.074	0.16
Rest (andere Bereiche)	894.793	69.32

Legende Kreisdiagramm:
■ Abfallwirtschaft
■ Abwasserwirtschaft
■ Bildungswesen
■ Brennstoffe und Energie
■ Gesundheitswesen
■ Straßenbeleuchtung
■ Verkehr
■ Wasserversorgung
■ Wohnungswesen

Quelle: eigene Darstellung, Eurostat (2015)

Die durchaus größten Ausgaben werden anteilsmäßig für das Bildungs- (9,67%) und Gesundheitswesen (16,25%) und Gesundheitswesen aufgewendet. Das Bildungswesen umfasst dabei Ausgaben primärer, sekundärer und tertiärer Bildung sowie Subventionen und Zuschüsse. Den Kern der Gesundheitsausgaben entfallen auf medizinische Produkte, Ausstattung und Geräte sowie der stationären Behandlung in Krankenhäusern und der Bereitstellung allgemeiner öffentlicher Gesundheitsdienstleistungen. Die Sicherung mit Verkehrsdienstleistungen im Rahmen des öffentlichen Personennahverkehrs wird hier unter Verkehr zusammengefasst (3.48%). Neben den Aufwendungen für den Bau und die Instandhaltung des Netzes werden auch Ausgaben für Informationssysteme und Subventionen dazu gezählt. Im sozialen Bereich sticht insbesondere das öffentliche Wohnungswesen (2.07%) hervor. Einen deutlich geringeren Anteil entfällt auf die Bereiche Abfallwirtschaft (0.40%), Abwasserwirtschaft (0.33%) oder die Wasserversorgung (0.07%) (vgl. Vereinte Nationen, 2015).

Die der Daseinsvorsorge zugeschriebenen Bereiche sind einem stetigen Änderungsprozess unterworfen. In diesem Zusammenhang kommt dem allgemeinen Verständnis des Wohlfahrtsstaates eine wichtige Rolle zu. Mit Ablösung des traditionellen produzierenden Staatsmodells hin zum aktivierenden, gewährleistenden werden zunehmend ordnungspolitische Strukturen verändert und Leistungen der Daseinsvorsorge nicht mehr ausschließlich durch staatliche Eigenregie erstellt. Durch die Beauftragung privater Dritter wird die Daseinsvorsorge sichergestellt beziehungsweise „gewährleistet" (vgl. Reichard, 2003, S. 2). Es erfolgt eine Trennung der Verantwortung und der Finanzierung von der tatsächlichen Bewirkung der Aufgabe (vgl. Seckelmann, 2008, S. 274).

An dieser Stelle setzt die wissenschaftlich stark kontroverse Debatte an, ob der private Sektor dem öffentlichen Sektor vorzuziehen ist. Bis in die 1980er Jahre hinein bestanden für die Bereiche der Daseinsvorsorge nur wenige Regulierungen und die kommunale Selbstverwaltung hatte einen hohen Stellenwert. Mit den einsetzenden Privatisierungen zogen sich in erster Linie Bund und Länder aus der Leistungsbereitstellung zurück und übernahmen lediglich die Gewährleistungsverantwortung. Exemplarisch trifft dies auf ehemalige Staatsmonopole wie der Eisenbahn oder der Post und Telekommunikation zu, die seitdem einer Großzahl an Regulierungen und einem hohen Liberalisierungsgrad unterliegen (vgl. Henneke, 2009, S. 21ff.).

Hinter diesen Entwicklungen steht ein Effizienzgedanke. Eine Effizienzsteigerung der öffentlichen Verwaltung rückte mit den einsetzenden Veränderungsprozessen durch Ende des Kalten Krieges und zunehmenden Restriktionen der öffentlichen Haushalte in den Fokus. Mit Einführung erfolgsorientierter Managementsysteme zu Beginn der 1990er Jahre stellte sich die Effektivitäts- und Effizienzdebatte auch in Bereichen der Daseinsvorsorge. Zwar bleibt die Daseinsvorsorge eine elementare, an sozialen Zielen ausgerichtete Säule des Wohlfahrtsstaates, aber es erfolgt gleichermaßen die Integration von Markt und Wettbewerb zur Optimierung der staatlichen Ausgaben in Bezug auf Effektivität und Effizienz unter dem fiskalischer und gesellschaftlicher Herausforderungen.

3. Effektivität und Effizienz von Staatsausgaben

3.1 Begriffsbestimmung und Begriffsabgrenzung

Der ökonomische Effizienzbegriff geht in seinen Ursprüngen auf Vilfredo Pareto's (1897) wohlfahrtsökonomische Prinzipien zurück. Koopman (1951) übertrug ihn auf dann später auf die Produktionstheorie (Hammerschmidt et al., 2009, S. 290). Eine Analyse der Effektivität der Effektivität und Effizienz von Staatsausgaben setzt die Begriffsbestimmung relevanter Konzepte und deren Abgrenzungen voneinander voraus. Nur bei genauer Differenzierung der Terminologie können Effizienzpotentiale aufgedeckt und daraus politische Handlungs-empfehlungen abgeleitet werden. Theoretische Grundlagen zu der hier im Fokus stehenden Daseinsvorsorge wurde bereits im vorangegangen Kapitel erläutert.

Die Effizienzbetrachtung des öffentlichen Sektors nimmt in der gegenwärtigen Finanzpolitik einen hohen Stellenwert ein. Die gezielte Durchführung von Reformen zur Steigerung der Leistungsfähigkeit leistet einen Beitrag für ein nachhaltiges volkswirtschaftliches Wachstumsmodell. Die Herausforderungen der Globalisierung, der europäischen Integration und demografische Veränderungen der meisten westlichen Industriestaaten verlangen aus finanzwissenschaftlicher Perspektive zwei gegeneinander wirkende Ziele. Zum einen tragen finanzpolitische Maßnahmen zu ökonomischem Wachstum und einer steigenden Wettbewerbsfähigkeit im internationalen Marktumfeld bei. Zum anderen steht eine expansive Fiskalpolitik und in der Folge steigende Ausgaben und Schulden diesem Auftrag entgegen. Die Handlungsfähigkeit der Politik wird eingeschränkt, obwohl diese unter den beschriebenen Einflüssen eines der effektivsten Mittel zur Adjustierung und Sicherung der wohlfahrtsstaatlichen Leistungen ist (vgl. Pitlik et al., 2008, S. 1-2).

Die ökonomische Lehre formulierte für diese Doppelbelastung der Staatshaushalte die Disziplinierungs- und Kompensationsthese. Gemäß der Disziplinierungsthese zwingen der internationale Wettbewerb und mobile Produktionsfaktoren den öffentlichen Sektor zu einer Um- bzw. Rückorientierung der staatlichen Ausgabentätigkeit auf „produktive", d.h. wachstumsfördernde Bereiche. Die Kompensationsthese stellt die durch Globalisierung und Demographie verursachten erhöhten Anforderungen an das Wohlfahrtsmodell in den Vordergrund. Die zunehmenden wirtschaftlichen Risiken bedürfen der Absicherung und resultieren in einer Ausweitung der Bereitstellung öffentlicher Güter und Dienstleistungen. Dies betrifft vor allem Aktivitäten der sozialen Absicherung. Eine generationenübergreifende, nachhaltige Gestaltung der Sicherungs- und Umverteilungsmodelle ist ferner geboten. Daraus resultiert auch die geforderte Abkehr einer passiven ex-post-Versorgung hin zu einem aktivierenden, zukunftsausgerichteten Wohlfahrtsstaat (vgl. Pitlik et al., 2008, S. 2ff.).

Des Weiteren wird die Budgetpolitik des Staates durch Restriktionen der Finanzierung beschränkt. Für Mitglieder der EU ist die Begrenzung der Staatsverschuldung gemäß des Stabilitäts- und Wachstumspaktes maßgebend, aber auch national, wie beispielsweise die deutsche Schuldenbremse, verkleinert die Handlungsspielräume. Hinzu kommt ein ohnehin hohes Niveau der Abgabenlast der Steuerzahler, welche sich ohne negative makroökonomische Folgen eher unwahrscheinlich für die Finanzierung zusätzlicher öffentlicher Aktivitäten erhöhen ließe. Schlussfolgernd sind eine präzise Evaluierung der gegenwärtigen Ausgabenstrukturen und ein Bedarf an Modernisierungsprozessen im öffentlichen Sektor geboten. Neben einer generellen Aufgabenkritik oder der Einführung neuer organisatorischer Formen bei der Aufgabenerfüllung stellt die Effektivitäts- und Effizienzsteigerung einen vielfach diskutierten Ansatz dar (vgl. Pitlik et al., 2008: S. 4f.).

Die ökonomische Theorie beurteilt eine Messung der Effektivität und Effizienz als dafür geeignete Maßnahme kritisch. Sie zeichnet ein ambivalentes Bild und lässt sich in drei Anwendungsgebiete zusammenfassen. Im engeren Sinn und bezogen auf den Messprozess dient dieser der reinen Erfassung qualitativer und quantitativer Daten. Der Einsatz als Monitoring-Tool umfasst Analysen und Tabellen, die sowohl extern an Aufsichtsbehörden wie Rechnungshöfen, als auch intern zur Beurteilung der Verwaltungsführung genutzt werden. Ein dritter Bereich ist die Verwendung als Steuerungsinstrument, worauf an gegebener Stelle Bezug genommen wird (vgl. Greiling, 2006: S. 450f.).

Der konzeptionelle Rahmen zur Messung der Effektivität und Effizienz im öffentlichen Sektor kann als heuristisches Modell dargestellt werden. Abbildung 2 verdeutlicht den stilisierten Produktionsprozess des öffentlichen Sektors.

Abbildung 2 – Stilisierter Produktionsprozess im öffentlichen Sektor

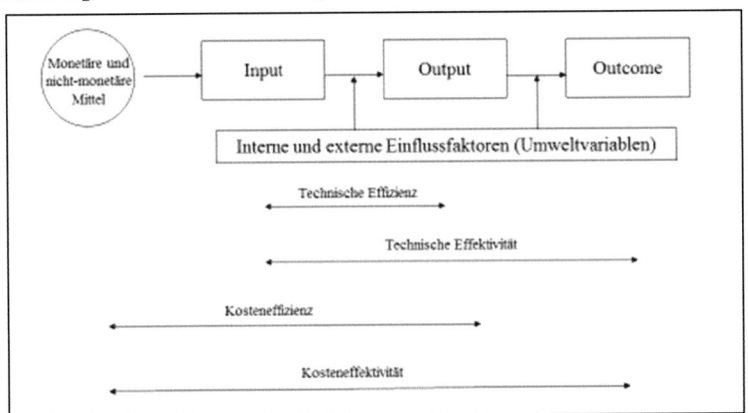

Quelle: eigene Darstellung in Anlehnung an Mandl et al., 2008, S. 3

Die hier vorgenommene Interpretation und Verwendung orientiert sich an Mandl. et al. (2008) und Jonker (2012). Die obige Abbildung erläutert den Zusammenhang zwischen Input, Output und Outcome. Die Bereitstellung bzw. Produktion öffentlicher Güter und Dienstleistungen beginnt mit der Verwendung monetärer und nicht-monetärer Mittel des Staates. Diese erzeugen als Input einen bestimmten Output, der in realen Größen messbar ist. Unter Einbeziehung politischer Ziele und den mit den Ausgaben verbundenen gewünschten und unerwünschten Effekten erfasst der Outcome die tatsächlich erzielten Ergebnisse. Die jeweiligen Wirkungsmechanismen werden dabei durch interne und externe Umweltfaktoren beeinflusst. Je nach gegenwärtiger politischer Zielsetzung, gesellschaftlicher Erfordernisse oder institutioneller Organisation des Wohlfahrtstaates sind diese unmittelbar, mittelbar oder überhaupt nicht vom Staat beeinflussbar (vgl. Jonker, 2012, S. 25f.).

In der Literatur werden Effizienz, Effektivität, Produktivität und Performance fälschlicherweise häufig synonym verwendet. Performance kann mit den Begriffen Leistung, Leistungsfähigkeit und Leistungsbereitschaft gleichgestellt werden und bezeichnet das Ergebnis einer bestimmten Aktivität (bspw. Leistungskennzahlen der PISA-Tests). Die Maßzahl der Produktivität stellt das Verhältnis zwischen real eingesetzten Inputs und Outputs dar (bspw. Produktion pro Beschäftigter). Die Effizienz wiederum misst dieses Verhältnis in relativen Größen, welches Kosten und Produktionsmöglichkeiten mit einbezieht. Dementsprechend kann je nach Sichtweise in Input- und Outputeffizienz unterschieden werden. Eine Produktion ist inputeffizient, wenn aus gegebenen Inputs der maximale Output generiert wird bzw. outputeffizient, wenn gegebener Output mit minimalem Inputeinsatz erzielt wird. Output und Outcome dürfen dabei nicht miteinander verwechselt werden. Der erzielte Outcome spiegelt das in der langen Frist intendierte Ziel der eingesetzten Ressourcen wider, welcher durch interne und externe Einflussfaktoren (Umweltfaktoren) beeinflusst wird. Die Effizienz wird ferner um eine Zieldimension erweitert. Aus mikroökonomischer Sicht entspräche dies beispielsweise dem Nutzen der Individuen oder aus makroökonomischer Perspektive die Erzielung einer bestimmten Arbeitslosenquote oder eines politisch anvisierten Gesundheitszustandes der Bevölkerung (vgl. Pitlik et al., 2008, S.13).

Generell gestaltet sich die Messung der Effektivität aufgrund des beeinflussenden politischen Intervenierens schwieriger als die der Effizienz und beide sind keineswegs einfach voneinander zu trennen. Erschwert wird dieser Umstand auch durch den Einfluss von Umweltfaktoren auf Output und Outcome. An dieser Stelle kommen die Vorteile einer klaren Begriffsbestimmung und Abgrenzung zum Tragen.

Die Effektivitäts- und Effizienzanalyse wird allgemein durch die Spezifika des öffentlichen Sektors erschwert und lässt eine Messung nur indirekt zu. Im Realsektor wird die erbrachte Leistung mittels Messung der realen Wertschöpfung oder der realen Bruttoproduktion bestimmt. Mittels eines statistischen Meldewesens kann dafür entweder auf bereits reale Outputgrößen oder nominelle Umsatzzahlen zurückgegriffen werden, die um die jeweiligen Marktpreise deflationiert werden müssen. Das Problem im öffentlichen Sektor besteht wiederum darin, dass die erstellten Güter und Dienstleistungen in der Regel nicht für den Markt produziert werden und ferner Kosten und Preise für die Aufstellung einer Produktionsfunktion nur schwer ermittelbar sind (vgl. Handler et al., 2013, S. 8).

Dies betrifft auch Leistungen der Daseinsvorsorge. Straßenbeleuchtung oder auch die öffentliche Sicherheit beispielsweise werden den Nutzern kostenfrei zur Verfügung gestellt. Leistungen des Öffentlichen Personennahverkehrs werden zu subventionierten Preisen angeboten und auch Medikamente werden im Rahmen der gesetzlichen Gesundheits-versorgung gegen eine Eigenbeteiligung zur Verfügung gestellt, die weit unter den Herstellungskosten liegt. Die Charakteristika dieser Gemeingüter sorgen dafür, dass eine Bestimmung der Effizienz schlussendlich nicht direkt über die erzielten Outputs ermittelt werden kann, weil keine Daten darüber verfügbar sind. Alternativ erfolgt die Messung indirekte über die geeignete Auswahl verschiedener Indikatoren als Proximierungsgrößen.

Dafür können verschiedene physische Produktionsindikatoren herangezogen werden, deren Eignung für die Analyse separat zu prüfen ist. Performance-Indikatoren nehmen Bezug auf das am Ende des Produktionsprozesses erstellte Gut oder die erbrachte Dienstleistung. Dabei erfolgt die genaue Quantifizierung wie beispielsweise die Anzahl der erfolgreich behandelten Patienten oder die Anzahl der Hochschulabsolventen eines Jahrgangs. Konsum-Indikatoren wiederum richten den Fokus weniger auf den Produktionsprozess selbst, sondern betrachten die Anzahl der Konsumenten. Relevanz erhalten diese Indikatoren bei der Bestimmung des Nachfragepotentials der öffentlichen Güter und Dienstleistungen (z.b. Anzahl der Patienten in öffentlichen Krankenhäusern). Prozess-Indikatoren erlauben es auf Basis des eingesetzten Personals für die Produktion Rückschlüsse auf deren Leistungsfähigkeit bei der Erstellung zu schließen. Beispielsweise können mittels der Anzahl der sog. Kontaktstunden im Pflegedienst Rückschlüsse auf die Leistungsfähigkeit des Pflegepersonals gezogen werden[4] (SCP, 2004, S. 42ff.).

Das Hauptproblem in der Effektivitäts- und Effizienzanalyse besteht in der Auswahl geeigneter Indikatoren, deren Quantifizierbarkeit und Messung sowie deren anschließende Beurteilung. Das komplexe und multidimensionale Konzept sorgen dafür, dass eine objektive Analyse nur bedingt umsetzbar ist. Länder- und Sektorenvergleiche werden dadurch zusätzlich erschwert (vgl. Milhaiu, 2014, S. 42).

Eine genaue Definition und Abgrenzung des öffentlichen Sektors ist nur schwer möglich. Hier wird der Terminus synonym zum Begriff der öffentlichen Hand verwendet. Dieser dient als Sammelbegriff für sämtliche wirtschaftliche Aktivitäten des Staates seitens der verschiedenen territorialen Gebietskörperschaften.

Die Größe des öffentlichen Sektors variiert in jeder Volkswirtschaft und über den Zeitablauf. Beispielsweise dominiert der Staat in einigen Ländern den Banken-, Telekommunikations- und Versorgungssektor, wohingegen in andere Länder diese Aufgaben in unterschiedlichen Maße privatisiert wurden (vgl. Jonker, 2012: S. 72).

3.2 Bisherige Studienergebnisse

In letzter Zeit sind in der Literatur zahlreiche Effizienzstudien erschienen, welche sich grob in theoretische und empirische Betrachtungen klassifizieren lassen. Ausschlaggebend sind die international übergreifenden Interessen der Staaten für Reformvorschläge, welche sich auch in gemeinsamen Bemühungen für ein einheitliches Datenmanagement und abgestimmte Berechnungsmethoden belegen lassen. Innerhalb der Europäischen Union wird dieses

---

[4] Dies bedingt die Annahme konstanter Arbeitsleistungen pro Kontaktstunde.

Anliegen durch eine Arbeitsgruppe des Ausschusses für Wirtschaftspolitik unter dem Konzept der „Quality of Public Finance" vorangetrieben (vgl. EPC, 2007).

Die ersten theoretischen Untersuchungen waren inspiriert von Effektivitäts- und Effizienzgedanken einzelner Organisationseinheiten wie Unternehmen, Banken oder Universitäten. Farrell (1957) publizierte ein erstes umfassendes methodisches Konzept zur Bestimmung und Interpretation der Produktionseffizienz einer einzelnen Organisationseinheit. Empirisch wendet er sein Konzept auf den Agrarsektor der Bundesstaaten der Vereinigten Staaten von Amerika an. Effizienzrückschlüsse zieht er dabei aus dem Vergleich der Performance des Agrarsektors mit der effizienten Produktionsfunktion, welche sich aus den einzelnen, jeweils besten Unternehmen im Analysebereich ergeben (vgl. Farrell, 1957, S. 262).

Aus theoretischer Perspektive wird der Performancemessung und der damit intendierten Ableitung effizienzsteigernder Maßnahmen ein ambivalentes Bild zu Teil. Greiling (2006) untersuchte die Vor- und Nachteile der Performancemessung im Auftrag der Effizienz-steigerung im öffentlichen Sektor. Dabei nimmt er Bezug auf Weber's Bürokratietheorie, die Neue Politische Ökonomie, die Prinzipal-Agenten-Theorie, Leibensteins Theorie der X-Ineffizienz und der Institutionentheorie. Schlussendlich attestiert er keinem Theoriezweig uneingeschränkten Nutzen der Performancebestimmung für die Aufdeckung von Effizienzpotentialen. Hauptsächlich bestehen Probleme hinsichtlich der Glaubwürdigkeits- und Objektivitätsanforderungen an die verwendeten Input- und Outputindikatoren, die Komplexität und Mehrdimensionalität des Effizienzkonzepts, fehlende Marktpreise und Produktionsfunktionen im öffentlichen Sektor und politische Willkür (vgl. Greiling, 2006, S. 460ff.).

Als grundlegende Arbeiten mit Fokus auf den öffentlichen Sektor gelten die Analysen von Migué und Belanger (1974) und Niskanen (1975), die auf theoretischer Basis der Neuen Politischen Ökonomie (Public Choice Theory) zuzuordnen sind. Sie zeigen in erster Linie eine organisatorische Ineffizienz im Verwaltungsapparat auf. Diese entsteht durch die Arbeitsweise der Staatsbediensteten, welche versuchen die Differenz aus den Gesamteinnahmen und den minimal möglichen Produktionskosten zu maximieren. Weitere Studien verorten die Ursachen in einer unproduktiven Arbeitsweise, die auf Personalausbau (Williamson, 1964); geringer Leistungsbereitschaft (Wyckoff, 1990); übertriebene Risikoaversion (Peltzman, 1973) oder Korruption (Wintrobe, 1997) zurückführbar sein kann. Theoretische Beiträge über den Einfluss institutioneller und politischer Faktoren finden sich in Breton und Wintrobe (1975); Moene (1986) und Falch (2001). Empirische Belege liegen in erster Linie für Daten auf kommunaler Ebene vor (u.a. Hayes et al. (1998); Geys (2006); Balaguer-Coll (2007) und Borge et al. (2008)). Den bisherigen Studien zur Effizienz im Verwaltungsapparat gemein, ist eine fehlende Effizienzbetrachtung auf nationaler Ebene. Auf bisheriger Datenbasis ist die Ursachenverortung der Ineffizienzen nicht eindeutig auf Missstände im öffentlichen Sektor oder auf äußere sozioökonomische Umweltfaktoren zurückführbar. Dem begegnen Adam et al. (2011) mit der Aufstellung von Performance-Indikatoren für den öffentlichen Sektor und einer relativen Effizienzschätzung. Die Analyse erfolgt für die COFOG-Kategorien Bildung, Gesundheit, soziale Sicherheit und Wohlfahrt, allgemeine öffentliche Leistungen und wirtschaftliche Angelegenheiten. Sie wird um die allgemeinen Indikatoren ökonomische Performance und ökonomische Stabilität ergänzt, welche als Benchmark für die Leistungsfähigkeit des Staates dienen. Im Ergebnis haben exogene sozio-ökonomische Einflüsse nur wenig Einfluss auf die Effizienz von öffentlich bereitgestellten Güter und Dienstleistungen. Hypothesentest zur Neuen Politischen Ökonomie legen nah, dass vor allem rechtsorientierte, solide Staaten mit einer hohen politischen Partizipationsrate und dezentralisierter fiskalischer Struktur, höhere Effizienzwerte aufweisen (vgl. Adam et al., 2011: 181).

Arbeiten empirischer Art unterscheiden sich zum einen im Umfang der Analyse, als auch in der verwendeten Methodik. Gezielt werden mittels Ländervergleichen oder regionaler Betrachtungen relative Effizienzunterschiede des öffentlichen Sektors oder einzelner Aktivitätsbereiche des Staates analysiert.

Seitens der Gesamtbetrachtungen des öffentlichen Sektors bearbeiten Tanzi und Schuhknecht (1997, 2000); Afonso et al. (2005a, 2006, 2008); Sánchez und Rubacaba-Bermejo (2007) und Mandl et al. (2008) die Effizienz hinsichtlich des Musgrav'schen Staatsverständnisses[5] zur Erfüllung der Allokations-, Stabilisierungs- und Verteilungsfunktion. Andere Darstellungen nehmen die Effizienz von Staatsausgaben bezüglich des Einflusses fiskalischer Budgetregeln, institutioneller Variablen und dem Mittel der Privatisierung in den Blick (Strauch und von Hagen (2000); Persson und Tabellini (2001) und Drake und Simper (2001).

Mittels einer übersichtlichen Zusammenfassung der vorliegenden Ergebnisse stellt Aristovnik (2009) fest, dass auf Basis der Analysen in keinem Land Ineffizienzen auszuschließen sind und ferner zu jeder Zeit ein Effizienzverbesserungspotential gegeben ist. Die Effizienz-

---

[5] Richard Abel Musgrave prägte den Begriff des meritorischen Gutes und begründete die Staatsaktivität im Fall von Marktversagen. Er identifiziert drei Kernaufgaben des Staates: Stabilisierungsfunktion, Verteilungsfunktion und Allokationsfunktion (vgl. Brümmerhoff, 2011: S. 371).

unterschiede sind teils beträchtlich, was sich auch in Studien zum Bildungssektor in Europa (Clements, 2002) und in der OECD (St. Aubyn, 2003) zeigt. Diese Erkenntnis ist gleichermaßen für den öffentlichen Sektor von Entwicklungs- und Schwellenländern nachgewiesen (vgl. Afonso, Schuhknecht und Tanzi, 2005; 2006).

Eine häufige zitierte Arbeit stammt von Afonso et al. (2005b). Die Autoren nehmen einen internationalen Vergleich des öffentlichen Sektors von 23 OECD-Ländern auf Berechnungsbasis zusammengesetzter Indikatoren für Performance und Effizienz der Jahre 1990 und 2000 vor. Sie belegen empirisch, dass Länder mit einem kleinen öffentlichen Sektor (Staatsausgaben geringer als 40 % des BIP) durchschnittlich effizienter sind als jene mit einem mittleren (Staatsausgaben zwischen 40 % und 50 % des BIP) oder großen Staatssektor (Staatsausgaben größer als 50% des BIP). Dieser Umstand wird vor allem durch eine gleichmäßigere Einkommensverteilung bei Ländern mit großen Staatssektoren erklärt. Länder der mittleren und kleinen Kategorien profitieren von leistungsfähigeren verwaltungs- und ökonomischen Performance-Indikatoren (vgl. Afonso et al. 2005b, S. 326). In diesem Zusammenhang ist zu beachten, dass aufgrund der Größe des Staatssektors keineswegs per se von höheren Effizienzpotentialen der Ausgaben auszugehen ist (vgl. La Porta et al., 1999, S. 277).

SCP (2004) kommen für in ihrer sektorenübergreifenden Betrachtung (Bildung, Gesundheit, innere Sicherheit, öffentliche Verwaltung) zum Schluss, dass insbesondere südeuropäische Länder allgemeine Ineffizienzen im öffentlicher Sektor, aber insbesondere im Bildungswesen aufweisen. Die 2003 hinzugekommenen Mitgliedsstaaten der EU weisen allgemein erhebliches Effizienzpotential auf, schneiden aber vor allem im Bildungswesen deutlich besser ab als die Länder am Mittelmeer. Einen hohen Effizienzwert in allen untersuchten Bereichen erzielten die nordeuropäischen und angelsächsische Länder. Die Autoren stellen fest, dass sich auf Basis dieser Clusterung eine konsistente Ergebnisverteilung über die jeweiligen Leistungsfähigkeiten ergibt (SCP, 2004, S. 290-293).

Sektorale Studienergebnisse gehen mit Hintergrund eines langfristig orientierten ökonomischen Wachstumsmodells in erster Linie von der makroökonomischen Unterscheidung in mehr oder weniger produktive Konsumausgaben und produktivere Investitionsausgaben aus. Mit diesem Hintergrund ist die größere Anzahl an Untersuchungen zum Gesundheits-, Bildungs- und Forschungssektor nicht verwunderlich. Einen Blick auf

Bereiche der Daseinsvorsorge richten Darstellungen auf Basis einer funktionalen Gliederung der Staatsausgaben nach der COFOG-Klassifizierung[6].

Bildungs- und Gesundheitswesen stellen in zahlreichen Ländern die wesentlichen Ausgabeposten im Ausgabenbudget dar. Die breite Zahl an Untersuchungen zu diesen beiden Sektoren greift dabei auf quantifizierbare Bezugsgrößen und Daten zurück. Gemeinsame Betrachtungen beider Sektoren sind beispielsweise in Jayasuriya und Wodon (2003); SCP (2004); Wilson (2004); Afonso und St. Aubyn (2005); ADB (2006) und Estache et al. (2007) zu finden. Bei der wirtschaftlichen Effizienzbetrachtung des Gesundheitswesens stellt die Lebenserwartung bei Geburt einen den wichtigsten Output-Indikatoren dar. Gemäß Studien der OECD (2009, 2011) stieg diese für OECD-Länder 2009 bei durchschnittlich 79,3 Jahren. Verglichen mit 1960 ist dies ein um 11 Jahre höherer Wert. Diese Entwicklung ist unter anderem auf den empirisch belegten positiven Zusammenhang zwischen den Staatsausgaben für Gesundheit in Pro-Kopf-Einheiten und des Indikators zurückzuführen (vgl. Journard et al., 2010, S. 7). Daneben üben exogene Faktoren wie das allgemeine Entwicklungsniveau, die Bevölkerungsdichte, das Bildungsniveau, Arbeitsbedingungen, Wohnverhältnisse, die Qualität der öffentlichen Verwaltung und private Ausgaben für die Gesundheit einen Einfluss auf die Output/Input-Beziehungen und mögliche Ineffizienzen aus (vgl. Hollingsworth, 2010, S. 217).

In der Zusammenfassung von Journard et al. (2010) wird eine durchschnittliche Verbesserung der Lebenserwartung von zwei Jahren für OECD-Länder quantifiziert, sofern Effizienzverbesserungen bei gegebenen Gesundheitsausgaben realisiert würden. Eine Anhebung der Ausgaben um zehn Prozent allein, ginge bei unveränderter Effizienz mit einer Steigerung der Lebenserwartung von drei bis vier Monaten einher. Interessanterweise gibt es keinen statistisch signifikanten Zusammenhang zwischen Effizienz und medizinischer Gleichbehandlung verschiedene Einkommensgruppen (vgl. Journard et al., 2010: S. 8). Neben sektoraler Gesamtbetrachtungen existieren Ergebnisse für unterschiedliche Ebenen des Gesundheitssystems wie ausgewählte Krankheiten oder einzelne Krankenhäuser (vgl. Erlandsen (2007), niedergelassene Ärzte und Pflegeeinrichtungen (vgl. Häkkinen und Journard, 2007). Im internationalen Vergleich des Gesundheitssektors ist die Studie von Evans et al. (2000) im Auftrag der WHO wegweisend. Die Effizienzwerte von Oman, Malta, Italien, Frankreich und San Marino kommen mit 97 % sehr nach an die Effizienzgrenze heran. Deutschland befindet sich mit einem Wert von 84 im Ranking auf dem 41. Platz (vgl. Evans

---

[6] Die hier vorgestellten Studienergebnisse präsentieren lediglich Studienergebnisse zum Gesundheits- und Bildungswesen sowie zur Infrastruktur.

et al., 2000, S. 21). Greene (2003) schätzt ökonometrisch eine Produktionsfunktion für staatliche und private Gesundheitsausgaben. Er erklärt die Ineffizienzen mit den exogenen Variablen BIP pro Kopf und Verteilungsungleichheiten. Im Resümee werden Griechenland, Spanien und Japan am effizientesten bewertet. Deutschland nimmt im Ranking von 191 Ländern den Rang 37 mit einem Effizienzwert von 97,5 % ein (Greene, 2003, S. 43). Die Ausführungen von Afonso und St. Aubyn (2005, 2006) zu 30 OECD-Ländern unter der Einbeziehung von Mengenindikatoren wie Anzahl der Ärzte oder Anzahl der Betten als Inputs und Kindersterblichkeit und Lebenserwartung als Outputs enthüllen eine Inputeffizienz für Schweden bei physischen Indikatoren und für die Tschechische Republik bei finanziellen Indikatoren. Mexiko, Japan und Korea sind generell effizient. Finnland, Japan, Kanada, Korea, Schweden, Spanien und die Vereinigten Staaten von Amerika liegen an der Effizienzgrenze. Im Durchschnitt aller Ineffizienzen könnte der Output bei gegebenen Inputs um 40% angehoben werden. Deutschland nimmt den 21. Platz in der Rangfolge ein.

Die Effektivitätsbetrachtungen des Gesundheitswesens beschränken sich auf einzelne Krankheiten und nehmen kaum den Gesundheitsstand einer Gesamtbevölkerung in den Blick. Die Messung der Leistungsfähigkeit kann dabei nicht allein an den tatsächlichen Lebensfunktionen einer Person ermittelt werden, sondern muss auch die zur Verfügung stehenden erweiterten Möglichkeiten ins Kalkül mit einbeziehen. Es fehlt an einem operationalisierbarem Konzept. Erste Ansätze diesbezüglich liefern Journard et al. (2010) mit Berücksichtigung einer verbesserten Lebensqualität und einer Gleichbehandlung im Gesundheitssystem.

Fasst man die empirischen Studienergebnisse zum Gesundheitswesen zusammen gibt es für institutionell ähnliche Länder keine signifikanten Effizienzunterschiede innerhalb oder zwischen den Systemen. Die besten Effizienzwerte liegen für Länder vor, die klare Zielvorgaben für alle Akteure verfolgen und deren Umsetzung kontinuierlich überwachen. Generell sind Transparenzverbesserungen möglich, eine Gleichbehandlung der Patienten in verschiedenen Systemen ist in erster Linie abhängig von exogenen Umweltfaktoren und nicht dem Gesundheitswesen inhärent (vgl. Handler et al. 2013, S. 14).

Dem Bildungswesen werden theoretisch zweifelhafte produktive Eigenschaften zugemessen. Das staatliche Engagement ist primär auf externe Effekte, Skalenerträge und Verteilungsgründe zurückzuführen (vgl. Hanushek, 2002). Eine empirische Bewertung der Effektivität und Effizienz ist keineswegs eindeutig. Seitens des Outputs dienen Daten zur Schulabgangsquoten der primären und sekundären Bildungsstufen. Auf der Inputseite in erste

Linie die staatlichen Bildungsausgaben pro Kopf oder physische Größen wie Schüler-Lehrer-Verhältnis oder der Alphabetisierungsgrad der Bevölkerung. Gonand et al. (2007) erklären länderspezifische Effizienzunterschiede mit institutionellen Bedingungen wie wirtschaftlichen Prioritäten, Budgetvollzug oder Markteffizienz. Die Ergebnisse basieren auf zusammengesetzten Indikatoren, die mittels Fragebögen erhoben wurden (vgl. Gonand et al., 2007, S. 10f.). Darauf aufbauend folgert Sutherland-Price (2007) für 30 OECD-Staaten und 5000 Schulen, dass eine größere Schulautonomie, Benchmarking zwischen den Schulen, eine flexible Budgetierung und Besoldung Ineffizienzen erklären können (Sutherland-Price, 2007: S. 5).

Der internationale Vergleich des Bildungswesens liefert folgende Resultate. Jayasuriya und Wodon (2003) errechnen ein durchschnittliches Effizienzniveau von 74,5% der betrachteten Länder. Die Unterschiede gründen auf der Qualität der öffentlichen Verwaltung, dem Grad der Korruption und der Urbanisierung. Afonso und St. Aubyn (2005) schließen auf Basis monetärer und physischer Indikatoren auf Inputeffizienzen zwischen 0,52 und 0,89. In weiteren Ausführungen liegen für Afonso und St. Aubyn (2006a) Korea, Finnland und Schweden nah an der Effizienzgrenze. Unter den 25 berücksichtigten Industrie- und Schwellenländern könnten die Effizienzwerte bei gleichem Input um 11,6% gesteigert werden. Dem entgegen wirken vordergründig das ohnehin sehr hohe Bildungsniveau, die Sicherung der Eigentumsrechte und eine hohe Kompetenz der öffentlichen Verwaltung (Afonso und St. Aubyn, 2006, S. 483). Deutschlands Effizienzsteigerungspotential beläuft sich auf 8,3% und belegt damit Rang 12. Generell schwankt das Effizienzpotenzial für Deutschland sehr stark. Mandl et al. (2008) quantifizieren dieses auf Effizienzwerte zwischen 1,3 und 9,1 (Mandl et al., 2008, S. 23).

Die Bündelung der Studienergebnisse im Bildungswesen offenbaren große Unterschiede in ländervergleichenden Effektivitäts- und Effizienzschätzungen, sodass diese nur eingeschränkt für wirtschaftspolitische Handlungsempfehlungen verwendet werden können. Die verwendeten Daten auf Basis nationaler Ausgangsniveaus und unterschiedlichen Lebensstandards lassen keine Aussagen über die Qualität der Ausbildung zu. Eine adäquate wirtschaftspolitische Empfehlung kann nur auf Effektivitäts- und Effizienzbetrachtung aller Stufen des Bildungssystems realisiert werden (vgl. Handler et al. 2013, S. 17).

Dem Daseinsvorsorgekonzept zweifelsfrei zuzuordnen sind öffentliche Leistungen der Infrastruktur, deren Investitionen einen produktiven Anteil der Ausgaben ausmachen. Die Bereitstellung durch den Staat ergibt sich einerseits aus dem Charakter eines öffentlichen

Gutes und andererseits aus den anfallenden hohen Fixkosten bei der Bereitstellung. Dazu zählen sämtliche Netze der Straßen, der Eisenbahn; Hochspannungs-, Wasser- und Abwasserleitungen. Die geringe Anzahl an Ergebnissen ist in erster Linie mit fehlende Daten begründbar (vgl. Handler et al., 2013, S. 20). Einen internationalen Vergleich zu den Staatsausgaben für Transport und Brennstoffe und Energie mit Daten aus den Statistiken des Internationalen Währungsfonds verwenden Estache et al. (2007). Wetzel (2008) analysiert 31 Eisenbahngesellschaften aus ost- und westeuropäischen Ländern im Zeitraum 1990 bis 2005. Als Inputfaktoren dienen die Anzahl der Beschäftigten und die Anzahl des rollenden Materials. Outputgrößen liefern das Passagieraufkommen pro Kilometer und die Beförderung von Frachttonnen pro Kilometer. Ohne ein bestimmtes Unternehmensverhalten anzunehmen eruieren die Autoren einen Produktivitätssprung von 39% in der betrachteten Periode. Dahinter stehen der technische Fortschritt, Effizienzverbesserungen und Skaleneffekte. Numerisch hat sich die Effizienz aller Länder von einem Durchschnittswert von 0,74 (1990) auf 0,82 (2005) verbessert (Wetzel, 2008, S. 15).

Fasst man die Ergebnisse für die Bundesrepublik Deutschland zusammen zeigen sich im Gesundheitssektor über die Studien hinweg überdurchschnittliche Effizienzwerte, wobei die Effizienzgrenze nicht erreicht wird. Im Bildungssektor schneidet Deutschland eher mittelmäßig ab. Effizienzanalysen auf kommunaler Ebene untersuchten inwieweit der prognostizierte Bevölkerungsrückgang mit einem proportionalen Rückgang der Kosten für Güter und Leistungen der Daseinsvorsorge einhergeht. Die Berechnungen von Geys et al. (2007) für 1021 Gemeinden in Baden-Württemberg ergeben im Benchmark-Vergleich ein Kosteneinsparungspotential der Leistungen von ca. 12 bis 14%. Vor allem kleinere Kommunen stehen ferner unter Anpassungsdruck. Der Bevölkerungsrückgang kann durch die Effizienzverbesserungen keineswegs vollständig kompensiert werden, sodass strukturelle Veränderungen überlegt werden müssen (Geys et al., 2007, S. 16). Krise (2008) gibt für 505 sächsische Gemeinden an, dass deren Performance durch eine Ausgabenkürzung von 10 bis 21 % unverändert bleiben könnte (Kriese, 2008, S. 10).

3.3 Reform- und Modernisierungsansätze zur Effizienzsteigerung

Auf Basis der vorgestellten empirischen Studienergebnisse lassen sich mittels der erklären Variablen Stellschrauben für politische Reformen und Korrekturansätze identifizieren. Die intendierten Ziele sind dabei keineswegs kurzfristig umzusetzen. Die Komplexität verbietet ein allgemeinen Erfolgsrezept oder einen konkreten Maßnahmenkatalog, der den individuellen Charakteristika und Ausgangsbedingungen eines Staates Rechnung tragen kann. Dementsprechend bedarf eines umfassenden individuellen Konzepts, welches Input-, Output- und exogene Faktoren ins Kalkül einbezieht (vgl. Conte et al., 2009).

Mit Aufkommen des New Public Managements (NPM) Mitte der 1990er Jahre nahmen viele Länder vermehrt Reformanstrengungen in Angriff. Das in Deutschland eher unter dem Begriff „Neues Steuerungsmodell" bekannte Konzept überführt betriebswirtschaftliche Managementelemente in die öffentliche Verwaltung. Das oberste Ziel ist die Schaffung eines dezentralen Führungs- und Organisationssystems für die öffentliche Hand. Es lassen sich folgende Kernelemente identifizieren:

- klare Abgrenzung der Verantwortung zwischen Politik und Verwaltung in Form eines Kontraktmanagements,
- dezentrale Ressourcen- und persönliche Ergebnisverantwortung in Verbindung mit einem zentralen Steuerungs- und Controllingbereich,
- Outputsteuerung durch Produktdefinition, Kosten- und Leistungsrechnung, Budgetierung und Qualitätsmanagement zur Schaffung direkter Arbeitnehmerorientierung,
- Integration von Wettbewerbselementen,
- Einbeziehung und Dialog mit Kunden und Öffentlichkeit (vgl. Bogumil, 2002 S. 11f.).

Die unternommenen Bemühungen von OECD-Ländern lassen sich nach Fleischmann und Walder (2007) in drei Zielkategorien unterteilen: 1) Verbesserung der Fiskaldisziplin, 2) Verbesserung der Ausgabenverteilung in Übereinstimmung mit den politischen Zielen und 3) Förderung der effizienteren Bereitstellung öffentlicher Güter und Dienstleistungen (vgl. Fleischmann und Walder, 2007, S. 299).

Maßnahmen zur Verbesserung der Fiskaldisziplin, d.h. der Steuerung und Kontrolle des Gesamthaushaltes zielen auf die Festlegung von Ausgabenobergrenzen, die noch vor Aufstellung des Haushalts unter Berücksichtigung der zu erwartenden Einnahmen und Ausgaben erstellt werden. Eine nachhaltige Fiskaldisziplin liegt vor, wenn jene Grenzen im Resultat nicht überschritten werden und vorgegebene Budgetziele nicht verletzen. Der Einsatz von mittelfristigen Finanzrahmen kann zur Verbesserung der Fiskaldisziplin beitragen. Dabei wird einjährige Sichtweise auf das Budget zugunsten eines mehrjährigen Rahmens mit entsprechenden Ausgabenobergrenzen und der Budgetkontrolle aufgegeben. Dies erfordert eine Schätzung zukünftiger Ausgaben und Einnahmen und der wirtschaftlichen Entwicklung, um die Handlungsfähigkeit innerhalb des Finanzrahmens zu gewährleisten. Mittels der Top-

Down-Budgetierung wird der Budgetprozess insgesamt durch die übertragene Autorität vereinfacht. Den einzelnen Ressorts und Aufgabenbereichen des Staates werden Ausgabenobergrenzen vorgeschrieben. Innerhalb der zuständigen Ministerien werden diese Mittel nun unter Maßgabe der Rahmenbedingungen an die darunterliegenden Hierarchiestufen verteilt. Umgekehrt, werden beim Bottum-Up-Ansatz Verhandlungen auf Ebene des Finanzministeriums geführt. Je nach politischen Zielen werden anschließend Beschlüsse über die Ausgabengrenzen der einzelnen Ausgabenkategorien und Ressorts getroffen. Zur Verbesserung der technischen Effizienz bei der Bereitstellung von Gütern und Dienstleistungen des öffentlichen Sektors kommen vordergründig privatwirtschaftliche Instrumente zum Einsatz. Die an der Bereitstellung beteiligten öffentlichen Akteure werden für die erstellten Outputs vermehrt in Verantwortung genommen. Umgesetzt wird dies über neue Kontroll- und Informationssysteme, stärkere Anreiz- und Sanktionsmechanismen, härter Anforderungen an Führungskräfte und eine genaueres Monitoring der Outputs (vgl. Fleischmann und Walder, 2007, S. 301f.).

Daneben sorgt die Einführung von Budgetregeln für die Einschränkung des diskretionären Spielraums der Politiker und betont die Notwendigkeit der Haushaltskonsolidierung. Für die Mitgliedsstaaten der EU wird dies beispielsweise in den Konvergenzkriterien auf Basis des Stabilitäts- und Wachstumspaktes (Art. 126 und Art. 140 AEUV), in Deutschland in der Grundgesetz verankerten Schuldenbremse (Art. 109 GG) deutlich. Zwischen Budgetregeln und einer soliden Finanzpolitik kann ein positiver Zusammenhang hergestellt werden (vgl. Pasterniak, 2006). Die Berücksichtigung erfolgsorientierter Größen, bei der klassisch auf Ausgaben und Einnahmen basierenden Rechnungslegung, dient der Verständlichkeit und der Transparenz. Durch deren Einsatz werden die einzelnen Akteure zur Ausformulierung konkreter Ziele gezwungen, etwaige Abweichungen münden in einem Diskussionsprozess. Harmonisierungen der Systeme nach international geltenden Standard (z.B. International Public Sector Accounting Standarrds) bedeuten einen Zugewinn an Vergleichbarkeit (vgl. Handler et al., 2013, S. 32).

Die allgemeine Qualität und Leistungsfähigkeit der öffentlichen Finanzen geht einher mit der Abmilderung der sich verstetigenden Budgetbeschränkungen. An dieser Stelle wird der Bedarf einheitlicher Evaluations- und Messkonzepte für die Effektivitäts- und Effizienz-analyse betont. Des Weiteren wird gezielt ein Fokus auf produktivitäts- und wachstums-fördernde Ausgaben gelegt, ohne dabei die Staatsquote zu erhöhen. Zur Begegnung der demografischen Veränderungsprozesse bedarf es einer Anpassung der Renten- und

Gesundheitssysteme, die eine nachhaltige Finanzpolitik garantieren (Fleischmann und Walder, 2007, S. 306-308).

Eine Verbesserung der Effektivität und Effizienz bei öffentlichen Gütern und Dienstleistungen wie bspw. der Daseinsvorsorge wird unter anderem durch Einsatz privatwirtschaftlicher Instrumente erreicht. Daneben führen wettbewerbliche Elemente zu einer stärkeren Kundenorientierung und einem gesteigerten Kostenbewusstsein. Neben Benchmarking, transparenten öffentlichen Vergabeverfahren, Private-Public-Partnerships und Outsourcing kann es auch zur Privatisierung kompletter Leistungsbereiche kommen (vgl. Handler et al., 2013, S. 35). Hintergrund ist dabei eine generelle Überprüfung der Aufgaben, die geeignete Wahl der Organisationsform bei der Bereitstellung. Durch den Abbau bürokratischer Vorschriften und Kontrollen kann den einzelnen Verwaltungseinheiten eine größere Autonomie bei der Ausgabentätigkeit zugemessen werden. Die ergebnisorientierte Ausrichtung schlägt sich auch auf das Personalwesen durch. Leistungsbezogene Gehälter, die Einführung von Performance-Management-Systeme und eine flexiblere Personalbeschaffung tragen zu den erwünschten Effektivitäts- und Effizienzgewinnen bei (Europäische Kommission, 2007: S. 131).

Empirische Belege zur erfolgreichen Implementierung institutioneller und struktureller Reformen scheitern an beschränkten Ressourcen, fehlenden Effizienz- und Effektivitäts-messungen vor der Durchführung und auch allgemein bei der Datenerhebung (vgl. Curristine et al., 2006, S. 218).

3.4 Zwischenfazit

Öffentlich bereitgestellte Güter und Dienstleistungen der Daseinsvorsorge sind ein elementarer Bestandteil des Wohlfahrtsstaates und nehmen einen großen Anteil an den Staatsausgaben ein. Die langfristige und nachhaltige Sicherung des Leistungsumfangs des öffentlichen Sektors wird in den westlichen Industrieländern gegenwärtig durch steigende Staatsverschuldung und niedrige Wachstumsraten in Frage gestellt. Zusätzlich üben die voranschreitende Globalisierung und demografische Veränderungsprozesse einen erheblichen Druck auf die staatlichen Systeme ein. Seitens der Finanzpolitik schränken nationale und supranationale Budgetbeschränkungen den politischen Handlungsspielraum ein, wobei gerade jener zur Bewältigung der aufgezeigten Herausforderungen unabdingbar ist. Neben der klassischen Budgetkonsolidierung ergreifen zahlreiche Länder Maßnahmen zur Effektivitäts-

und Effizienzsteigerung ihrer Staatsausgaben. Theoretische und empirische Studien belegen die länderübergreifenden unterschiedlichen Potentiale, zeigen hingegen einen deutlichen Handlungsbedarf auf. Gleichwohl ist die Identifizierung und Messung dieser Potentiale mit hohen konzeptionellen und methodischen Anforderungen verbunden.

4 Analyse der Effektivität und Effizienz von Staatsausgaben der Daseinsvorsorge

4.1 Konzeption und Methodik

Die nachfolgende Analyse untersucht die Effektivität und Effizienz von Staatsausgaben in ausgewählten Bereichen der Daseinsvorsorge. Im Fokus stehen die Politikfelder Abwasserwirtschaft, Abfallwirtschaft, Bildung, Gesundheit, Öffentlicher Personennahverkehr und Verkehr, Strom- und Gasversorgung und Wasserversorgung. Ein internationaler Querschnittvergleich von 23 westlichen Industriestaaten der EU und der OECD dient der Identifizierung möglicher Verbesserungspotentiale bei Effizienz und Effektivität. Die Rolle der Bundesrepublik Deutschland und ableitbare politische Handlungsmöglichkeiten werden dabei herausgestellt. Im Unterschied zu den bisher vorliegenden Studien liegt der Kern der Betrachtung auf der erweiterten empirischen Analyse der Kernbereiche der Daseinsvorsorge. Neben Bildung und Gesundheit spielen gerade in Deutschland alle Funktionsbereiche der Daseinsvorsorge eine relevante Rolle im alltäglichen Leben und für die Bereitstellung öffentlicher Güter und Dienstleistungen. Vor dem Hintergrund gegenwärtiger sozioökonomischer Veränderungen und fiskalischen Beschränkungen besteht für die nachhaltige Sicherung des Angebots des Wohlfahrtsstaates ein großes bürgerliches und politisches Interesse.

Für die betrachteten 23 Länder wurden verschiedene Daten zu sozioökonomischen Variablen und verschiedenen Ausgabenkategorien zusammengestellt, welche den Zusammenhang zwischen den Staatsausgaben als Input und den damit erzielten Outputs bzw. Outcomes abbilden. Diese werden den entsprechenden Bereichen der Daseinsvorsorge zugeordnet und erlauben einen relativen Vergleich der Länder. Die Daten haben ihren Ursprung in nationalen Finanzstatistiken und branchenspezifischen Datenbanken der OECD, in der makro-ökonomischen Datenbank AMECO der Europäischen Kommission, in den amtlichen Statistiken von Eurostat und in den Weltentwicklungsindikatoren der Weltbank.

Methodisch ist die Vorgehensweise an die Ausführungen von Afonso et al. (2005b) angelehnt. Sie lässt sich in drei Schritte untergliedern: erstens, Messung der Performance des Staates in den einzelnen Betätigungsfeldern und Erstellung eines Gesamtperformance-Index (PSP); zweitens, Ermittlung der Effizienz durch das Verhältnis zwischen Performance und der aufgewendeten Ausgaben (PSE) und drittens die Durchführung einer FDH-Analyse zur Quantifizierung der Effizienzpotenziale.

Ermittlung der PSP-Werte und des PSP-Index

Die Performance und Effektivität des öffentlichen Sektors wird wie aus Kapitel 3 bekannt durch interne und externe Variablen beeinflusst. Diese Indikatoren (I) sind sowohl ökonomischer als auch soziologischer Art. Formal lässt sich die Performance des öffentlichen Sektors eines Landes darstellen als:

$$PSP_i = \sum_{i=k}^{n} PSP_{ij} \text{ mit } PSP_{ij} = f(I_k) \qquad (1)$$

PSP steht stellvertretend für die Performance eines Landes i und ergibt sich aus der Summe der einzelnen Leistungsfähigkeiten eines staatlichen Tätigkeitsbereichs j. In anderen Worten ist die Gesamtperformance eines Landes eine Funktion der jeweiligen Indikatoren. Über das erste Differential dieser Funktion zeigt sich ferner, dass eine Veränderung des PSP-Wertes eines Landes durch einen Veränderung der relevanten Indikatoren erfolgen kann:

$$\Delta PSP_i = \sum_{i=k}^{n} \frac{\partial f}{\partial I_k} \Delta I_k \qquad (2)$$

Zur Abbildung des öffentlichen Sektors werden zehn Sub-Indikatoren gebildet, welche gleichgewichtet in einen Gesamtperformance-Indikator einfließen. Die Auswahl und Zusammensetzung wird in Abbildung 3 veranschaulicht.

Abbildung 3 - Übersicht zur Zusammensetzung des Gesamteffektivitäts-Indikators

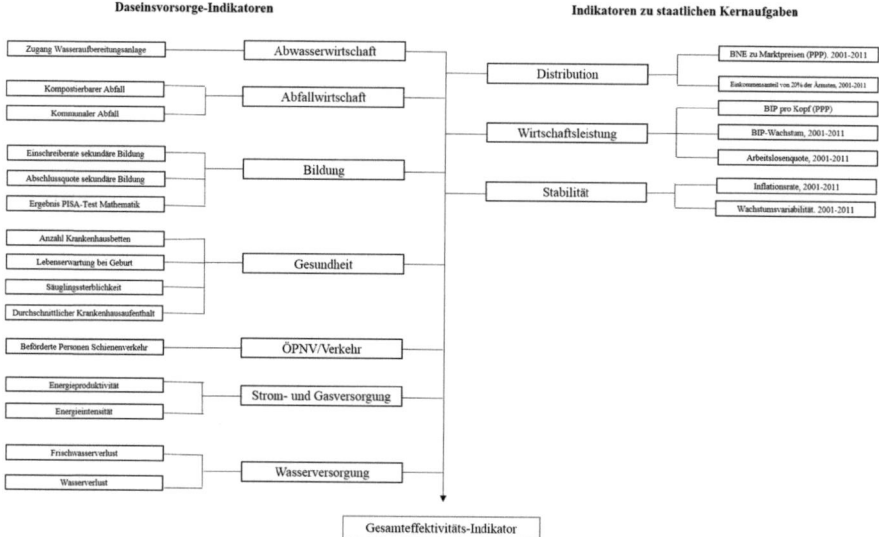

Quelle: eigene Darstellung

34

Deutlich erkennbar ist die vorgenommene Zweiteilung in Daseinsvorsorge-Indikatoren (links) für die benannten Bereiche und Indikatoren zu den staatlichen Kernaufgaben (rechts) nach Auffassung von Musgrave. Die Komplexität der Einflussvariablen erlaubt in der Analyse lediglich eine Annäherung an den tatsächlichen Wert der Leistungsfähigkeit. Die Auswahl der Indikatoren versucht approximativ qualitative und quantitative Größen in die Betrachtung einzubeziehen. Die hier vorgenommene Auswahl reflektiert die bestmögliche Annäherung unter Berücksichtigung der Datenverfügbarkeit und empirischer Literatur. Dieser Umstand ist bei der Interpretation zu berücksichtigen.

Bezüglich der Daseinsvorsorge-Indikatoren kann der Staat lediglich mittelbaren Einfluss nehmen. Dennoch bilden diese allgemein die Qualität des Zusammenspiels zwischen Fiskalpolitik und Marktmechanismen ab. Die Musgrave-Indikatoren wiederum geben auch die Reaktionen des Staates auf die Ergebnisse des Marktprozesses wider. Beide können daher als Outcome von Politikmaßnahmen verwendet werden, wenn gleichzeitig keine Homogenität zwischen ihnen besteht.

Die Ausgangsdaten der einzelnen Sub-Indikatoren wurden für die Jahre 2001 und 2011 erhoben, in einigen Fällen wird der 10-Jahres-Durchschnitt (2001-2011) verwendet, da keine jährlichen Veränderungen, sondern strukturelle Veränderungen der Performance über die Zeit bedeutend sind[7]. Der Einsatz von Staatsausgaben zur Erlangung eines politischen Ziels äußert sich schließlich erst mittel- bzw. langfristig in einer messbaren Wirkung auf die Indikatoren[8].

Nachfolgend werden nun im Einzelnen die einzelnen Sub-Indikatoren erläutert. Besondere Aufmerksamkeit liegt dabei auf den Bereichen der Daseinsvorsorge. Die Wasserversorgung und die Bereitstellung dazugehöriger Infrastruktur ist ein elementarer Bestandteil des Lebens. Der Indikator stammt aus der OECD-Datenbank und misst den Anteil der Bevölkerung, der Zugang zum Versorgungsnetz hat. Der Bereich der Abfallwirtschaft setzt sich gleichgewichtet aus Daten des kommunalen Abfall-Index der OECD und der Menge des kompostierbaren Abfalls aus Biomasse, Biogas und Industrieabfällen in Prozent des Gesamtenergieverbrauchs aus der Weltbank-Datenbank zusammen. Die Leistungsfähigkeit der Abfallwirtschaft wird ferner zum einen durch die durch kommunale Unternehmen geleisteten Entsorgungs-dienstleistungen und durch die ressourcenschonende Wiedergewinnung von Energie aus Abfällen abgebildet. Das Bildungswesen wird mittels der Nettoeinschreiberate der sekundären

---

[7] Die Primärdaten sind den Tabellen A und B im Anhang zu entnehmen.
[8] Eine Übersicht zu den verwendeten Indikatoren, Messeinheiten und Datenherkunft findet sich in Tabelle D im Anhang. Zur Wahrung der Übersichtlichkeit wurde auf eine einheitliche Verwendung der Beschriftungen geachtet, sodass die Ursprungsquellen der Tabellen und Abbildungen mittels Tabelle D auffindbar sind.

Bildung[9], der Abschlussquote der sekundären Bildung und den Ergebnissen des PISA-Tests in Mathematik widergespiegelt. Die Nettoeinschreiberate aus Erhebungen der Weltbank quantifiziert den Anteil der Schulpflichtigen, die die minimalen Bildungsanforderungen in den betrachteten Industrieländern erfüllen. OECD-Berichte zum Bildungswesen verdeutlichen anhand der Abschlussquote die Qualität des nationalen Bildungswesens. Es wird unterstellt, dass eine hohe Abschlussquote mit einer hohen Qualität und einer gewissen Chancengleichheit einhergeht, sodass verhältnismäßig weniger private Bildungsausgaben für die Erreichung eines hohen Bildungsstands erforderlich sind, die ohnehin nur durch vermögendere Bevölkerungsgruppen aufbringbar wären. Die im 3-jährigen Turnus durchgeführten PISA-Tests zeichnen in diesem Fall abweichend für 2003 und 2012 den mathematischen Wissensstand 15-jähriger Schulpflichtiger nach. Das Abschneiden ist ein Indikator für die Qualität der Lehre hinsichtlich Schulausstattung und Lehrerengagement. Der Sub-Indikator für das Gesundheitswesen setzt sich aus vier Outcome bzw. Output-Größen zusammen. Die von der Weltbank erhobenen Daten zur Lebenserwartung in Jahren und der Säuglingssterblichkeit spiegeln die allgemeine Qualität der Gesundheitsversorgung über alle Lebensalter hinweg ab. Insbesondere die Versorgung Neugeborener erfordert ein hohes Maß an medizinischen Standards, Ausrüstung und geschultem Personal. Des Weiteren liefert die OECD quantitative Daten zur Anzahl der Krankenhausbetten und der durchschnittlichen Behandlungsdauer in Krankenhäusern. Dabei gibt die Anzahl der Betten Aufschluss über die verfügbaren Ressourcen bei stationärer Behandlung, die Dauer des Aufenthaltes kann als Effizienzmaß verwendet werden. Eine kürzere Aufenthaltsdauer ist mir geringeren Behandlungskosten verbunden. Der ÖPNV bildet das Rückgrat der Mobilität einer Gesellschaft im Nahbereich und umfasst die Versorgung mit Verkehrsdienstleistungen mittels der Verkehrsträger Straße, Schiene und Wasser. Aufgrund eingeschränkter Messgrößen kann die Anzahl der beförderten Personen auf der Schiene nur teilweise die gesamte Bandbreite des ÖPNV-Systems reflektieren. Eine hohe Anzahl an beförderten Personen pro Kilometer gibt Anhaltspunkte über die Attraktivität des Nahverkehrssystems. Die Strom- und Gasversorgung wird anhand von zwei Kennzahlen abgesteckt. Die Energieproduktivität ergibt sich aus dem Quotienten des Bruttoinlandsprodukts und dem Bruttoinlandsenergieverbrauch, der für dessen Erstellung erzeugt werden musste. Die Erfassung der Eurostat-Daten in Kaufkraftparitäten stellt die internationale Vergleichbarkeit sicher. Werte zur Energieintensität stammen von der

---

[9] Die Sekundarstufe oder die sekundäre Bildung orientiert sich an der International Standard Classification of Education (ISCED) der UNESCO. Die Erfassung des Bildungsstandes auf Level der Sekundarstufe umfasst neben der vorschulischen Erziehung und der Grundbildung der Primarstufe auch die vorbereitende Bildung auf einen Berufseinstieg bzw. eine Fortsetzung der Ausbildung im tertiären Bildungsbereich (vgl. UNESCO, 2011).

Weltbank und geben den erforderlichen Energieverbrauch zur Erstellung einer Einheit BIP wider. Eine angemessene Erfassung der Performance der Wasserversorgung kann aufgrund des Datenmangels nur bedingt erfolgen. Anhand der Quantifizierung des Frischwasserverlusts (Weltbank) und des allgemeinen Wasserverlusts (OECD) kann schätzungsweise die Leistungsfähigkeit des Wasserversorgungssystems von der Entnahmestelle bis zum Verwendungsort verdeutlicht werden.

Die Indikatoren zu den Kernaufgaben des Staates bedürfen aufgrund der wissenschaftlichen Fundierung keiner genaueren Erklärung. Zur Abbildung der Distribution und der Einkommensverteilung werden jeweils die zehnjährigen Durchschnittswerte des Brutto-nationaleinkommens und des Einkommensanteil des zweiten Dezils der Bevölkerung mit Daten der Europäischen Kommission und der Weltbank erfasst. Die ökonomische Stabilität einer Volkswirtschaft bemisst sich an den Durchschnittswerten der Inflation und der Wachstumsvariabilität. Die wirtschaftliche Leistungsfähigkeit bzw. Performance ergibt sich aus dem BIP pro Kopf 2001 bzw. 2011, dem durchschnittlichen BIP-Wachstum und der durchschnittlichen Arbeitslosenquote im besagten Zeitraum.

Nach Erfassung und Gewichtung der Sub-Indikatoren fließen diese in einen Gesamt-performance-Index ein. Die einzelnen Effekte der Einflussvariablen auf die Gesamt-performance sind umso größer, desto größer die Wirksamkeit der getätigten Staatsausgaben auf den entsprechenden Sub-Indikator ist. Dabei erfolgt eine Gleichgewichtung der einzelnen Variablen für einen Sub-Indikator. Für den Bereich Bildung beispielsweise gehen die drei Datenreihen zu je 1/3 in den Wert für den Subindikator ein. Analog erfolgt dies für alle zehn Sub-Indikatoren. Da die Werte Unterschiede in den Messeinheiten aufweisen, wurden diese zunächst normiert und anschließend für jedes Land und jeden Sub-Indikator relativ zum Durchschnitt (Wert 1) der Stichprobe berechnet. Die einzelnen Sub-Indikatoren flossen daraufhin zu je 1/10 in den Gesamtperformance-Indikator ein.

Berechnung der PSE-Werte

Zur Effizienzbewertung werden nun die erzielten Performance-Werte mit den dafür erforderlichen Aufwendungen in Form der Staatsausgaben ins Verhältnis zueinander gesetzt. Die anfallenden Ausgaben können als Opportunitätskosten zur Outcome-Erzielung interpretiert werden. Zur Aufstellung eines Effizienzindex werden die den Sub-Indikatoren entsprechenden Staatsausgaben in Prozent der Wirtschaftsleistung erfasst. Die Erhebung der

Ausgaben erfolgt in Prozent des Bruttoinlandsprodukts für jeden Sub-Indikator zu den Zeitpunkten 2001 und 2011 für die Daseinsvorsorge-Indikatoren bzw. für den Durchschnitt von 2001-2011 für die Kernaufgaben-Indikatoren[10]. Die ermittelten Werte (PAX) orientierten sich für die Bereiche der Daseinsvorsorge an der COFOG-Klassifizierung[11] und nehmen für die Abfallwirtschaft Aufgabengruppe 05.2, für die Abwasserwirtschaft Aufgabengruppe 05.2, für die Gesundheit Abteilung 07, für die Bildung Abteilung 09, für den ÖPNV/Verkehr Aufgabengruppe 04.5, für Strom- und Gasversorgung die Aufgabengruppe 04.3 und für die Wasserversorgung die Aufgabengruppe 06.3 als Bezug. Seitens der Kernindikatoren des Staates dienen zum einen die gesamten Staatsausgaben des öffentlichen Sektors, Aufwendungen für Transfers und Subventionen und die finalen Konsumausgaben des Staates als Orientierung (siehe Tabelle C und D). Nach entsprechender Normierung und Gewichtung der Staatsausgaben am jeweiligen Durchschnitt der Stichprobe lässt sich der Effizienzindikator des öffentlichen Sektors (PSE) für jedes Land formal derart berechnen:

$$PSE_i = \frac{PSP_i}{PSX_i} \text{ mit } \frac{PSP_i}{PEX_i} = \sum_{j=1}^{n} \frac{PSP_{ij}}{PEX_{ij}} \text{ mit } \frac{\partial PSE_{ij}}{\partial PEX_{ij}} > 0, \frac{\partial^2 PSE_{ij}}{\partial PEX_{ij}^2} < 0 \qquad (3)$$

Free-Disposal-Hull-Analyse

Die Free Disposal Hull-Analyse geht auf Deprins, Simar und Tulkens (1984) zurück und ist ein nicht-parametrisches Verfahren[12] zur Anwendung des Effizienzkonzepts. Die Vorgehensweise wird detailliert in Tulkens (1993) erläutert. Kurz gefasst wird der Produktionsprozess des öffentlichen Sektors unter den gegebenen Input- und Outputvariablen über eine Transformationskurve, die alle möglichen Faktorkombinationen abbildet, dargestellt. Unter der Annahme bestehender Effizienzunterschiede für verschieden Länder lässt sich die relative Effizienz über die Abstände der Stichprobenwerte zur Transformationskurve und die Aufstellung eines Rankings bestimmen. Daraus lassen sich anschließend best-practice-Empfehlungen ableiten. Je nach Sichtweise wird in Input- und Outputeffizienz unterschieden. Die Inputeffizienzwerte eines Landes quantifizieren dabei wie viele Einheiten weniger Input relativ aufgewendet werden müssen, um dasselbe

---

[10] Damit wird der zeitverzögerten Wirkung der Staatsausgaben auf die Effektivität und Effizient Rechnung getragen.
[11] Eine genaue Aufstellung der einzelnen Klassifizierungsbestandteile und deren Anwendung findet sich in einem Handbuch der europäischen Statistikbehörde (vgl. Eurostat, 2011)
[12] Eine weitere nicht-parametrische Technik zur relativen Effizienzbewertung ist die Data Envelopment Analysis, die ihre Ursprünge bei Charnes, Cooper und Rhodes (1978) hat und heute vor allem in der Operations Research bei Entscheidungseinheiten zur Anwendung kommt.

Outputergebnis zu erzielen. Die Outputeffizienz hingegen gibt an, wie viele Einheiten an Output ein Land bei gleichem Inputeinsatz relativ erzielen kann (vgl. Gupta und Verhoeven, 2001, S. 437). Die Vorteile dieser Technik bestehen darin, dass nur geringe Anforderungen an die Produktionstechnologie getroffen werden müssen. Allein die freie Verfügbarkeit von Input- und Outputgrößen ist ausreichend. Nachteilig wiederum sind die relative Betrachtungsweise und eine mögliche Unterbewertung von Ineffizienzen, welche durch die Wahl und Operationalisierung der Messindikatoren beeinflusst wird. Allgemeine Kritikpunkte richten sich an die Anfälligkeit der Ergebnisse aufgrund von Ausreißern in den Daten und der Heterogenität der Inputgrößen. Der sogenannte Baumol-Effekt stellt auf die Eigencharakteristika öffentlicher Güter und Dienstleistungen und ihrer Rationalisierbarkeit ab. Dahinter steckt das Dilemma, dass langsam ansteigender Kosten bei Dienstleistungen. Zur nachhaltigen Gewährleistung der Qualität und Effektivität von öffentlichen Dienstleistungen müssen die Löhne im Rahmen der allgemeinen Lohnsteigerungsrate mitwachsen. Das Problem ist nun, dass gerade die Dienstleistungen des öffentlichen Sektors stark arbeitsintensiv sind und sich zum einen aufgrund der besonderen gesellschaftlichen Bedeutung nur bedingt durch andere Produktionsfaktoren rationalisieren lässt und zum anderen die Preise der Güter und Dienstleistungen trotz zunehmender Produktivität gleich bleiben (vgl. Baumol und Bowen, 1968).

Die FDH-Analyse der Staatsausgaben in Hinblick auf die Bereiche der Daseinsvorsorge erfolgt für die 23 Länder der Stichprobe. Als Inputgröße dienen dabei die Staatsausgaben für den gesamten öffentlichen Sektor und der einzelnen Daseinsvorsorgebereiche in 2011, als Outputgröße die bereits zuvor ermittelten PSP-Werte.

4.2 Ergebnisse

4.2.1 Performance-Messung

Die Leistungsfähigkeit bzw. der Gesamtperformance-Index setzt sich gleichgewichtet zu je einem Zehntel aus den vorgestellten Sub-Indikatoren zusammen[13]. Nach durchgeführter Normierung auf Basis des Mittelwertes der Stichprobenreihe können die Ergebnisse für 2011 aus Tabelle 1 entnommen werden.

---

[13] Diese gleichmäßige Gewichtung ist eine hier getroffene Annahme. Andere Studien messen einzelnen Sub-Indikatoren unterschiedliche Bedeutungen zu, was sich in einer unterschiedlichen Gewichtung niederschlägt. Afonso et al. (2005b) kamen in ihrer Untersuchung zum Schluss, dass die unterschiedliche Gewichtung nur geringfügig Einfluss auf die Basisergebnisse hat (vgl. Afonso et al., 2005b, S. 326).

Tabelle 1 – PSP-Werte (2011) für alle Indikatoren und Gesamtperformance-Index

Land	Daseinsvorsorge-Indikatoren							Indikatoren Kernaufgaben Staat			Gesamtperformance des öffentlichen Sektors
	Abwasserwirtschaft	Abfallwirtschaft	Bildung	Gesundheit	ÖPNV/Verkehr	Strom- und Gasversorgung	Wasserversorgung	Distribution	Stabilität	Wirtschaftsleistung	
Australien	0.976	1.040	0.977	0.928	0.386	1.160	0.713	0.966	0.845	1.297	0.929
Belgien	0.988	1.285	1.007	1.144	0.283	0.936	0.502	1.161	0.785	1.118	0.921
Dänemark	1.021	1.091	1.005	0.762	0.177	0.877	0.145	1.139	0.913	0.703	0.783
Deutschland	1.089	1.185	1.091	1.200	2.199	0.886	0.627	1.013	0.937	1.011	1.124
Finnland	0.932	0.888	1.062	0.943	0.100	1.353	0.984	0.893	1.175	1.171	0.950
Frankreich	0.920	0.939	0.999	1.095	2.285	0.817	0.661	0.993	0.679	1.058	1.045
Griechenland	0.988	0.939	0.959	0.996	0.025	0.892	0.745	0.801	1.939	1.065	0.935
Irland	0.774	1.107	1.016	0.842		0.952	0.139	1.003	1.499	1.303	0.960
Island	1.021	0.990	0.969	0.772	0.042	3.866	0.864	1.066	2.162	1.139	1.289
Italien	1.055	0.939	0.903	0.913	1.287	0.852	1.137	0.849	0.835	0.720	0.949
Japan	0.853	0.585	1.067	1.783	10.173	0.773	1.378	0.935	0.511	0.561	1.862
Kanada	0.976	0.609	1.118	1.044	0.036	1.353	1.206	0.967	0.785	1.149	0.924
Luxemburg	1.111	1.073	0.976	0.949	0.009	0.861	0.139	1.305	1.565	1.129	0.912
Neuseeland		0.565	1.012	0.987		0.966	0.971	0.711	0.859	1.130	0.900
Niederlande	1.111	1.111	0.992	1.005	0.433	0.908	0.580	1.114	0.868	0.698	0.882
Norwegen	0.954	0.966	1.042	0.919	0.079	0.892	0.527	1.297	0.897	0.728	0.830
Österreich	1.066	1.296	1.052	1.119	0.281	0.892	0.079	1.060	0.851	0.829	0.852
Portugal	0.909	0.915	0.823	0.906	0.107	0.930	0.157	0.769	0.749	0.757	0.702
Schweden	1.111	1.125	1.041	0.756	0.293	0.858	0.251	1.119	0.940	1.120	0.861
Schweiz	1.089	1.154	1.038	1.049	0.501	0.580	0.059	1.132	0.719	0.948	0.827
Spanien	1.100	0.685	0.905	0.934	0.587	0.930	0.921	0.828	0.975	1.558	0.942
USA	0.831	0.903	1.035	1.040	0.272	0.580	5.920	0.959	0.622	0.991	1.315
Vereinigtes Königreich	1.122	0.984	1.023	0.915	1.444	1.822	0.222	0.948	0.889	0.968	1.034

Quelle: eigene Berechnungen und Darstellung

Unter den einzelnen Sub-Indikatoren gibt es bis auf wenige Ausnahmen keine großen Unterschiede bei den Werten. Auffällig ist beispielsweise, dass im Bereich ÖPNV/Verkehr Japan mit einem Wert von 10,173 besonders hervorsticht. Den zweithöchsten Wert dieses Sub-Indikators kann Frankreich erzielen (2,285), gefolgt von Deutschland (2,199) und dem Vereinigten Königreich (1,444). Diese hohen Werte deuten auf einen bedeutenden und ausgabenstarken Verkehrssektor hin. Die Strom- und Gasversorgung scheint insbesondere in Island (3,866) und dem Vereinigten Königreich (1,822) besonders leistungsfähig. Die Insellage beider Länder und der kostenintensive Import von Energie hat Einfluss auf den Ausbau nationaler autarker Stromnetze. Des Weiteren profitiert Island von den geographischen Gegebenheiten und zahlreichen Gletschern zur alternativen Energie- gewinnung aus Wasserkraft. Die höchste Gesamtperformance lässt sich für Japan (1,862), die USA (1,315), Deutschland (1,124), Frankreich (1,045) und dem Vereinigten Königreich (1,034) nachweisen. Die niedrigsten Werte erzielen Portugal (0,702) und Dänemark (0,783).

Bei Darstellung der Gesamtperformance des öffentlichen Sektors für die Untersuchungsjahre 2001 und 2011 in einem Streudiagramm (Abbildung 4) wird Folgendes erkennbar. Für die Mehrzahl der in der Stichprobe berücksichtigten Länder kann relativ weder eine enorme Verschlechterung (rechts von der 45°-Gerade) noch eine Verbesserung (links von der 45°- Gerade) beobachtet werden. Verbesserungen bei der Leistungsfähigkeit sind für Island, Norwegen und das Vereinigte Königreich in den Daten nachweisbar. Deutschlands Leistungsfähigkeit hat sich minimal steigern können, der Wert liegt beinahe genau auf der Diagonalen. Verschlechterungen sind hingegen für die großen Volkswirtschaften der

Vereinigten Staaten und Japan dokumentiert. Aus dieser relativen Betrachtung der betrachteten Länder untereinander können jedoch noch keineswegs Aussagen über die Effektivität und Effizienz einzelner Bereiche der Daseinsvorsorge getroffen werden.

Abbildung 4 – Gegenüberstellung der PSP-Werte 2001 und 2011 für die Stichprobe

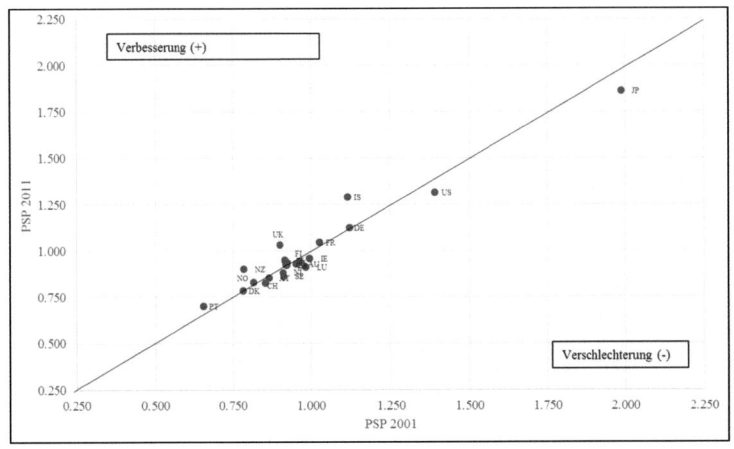

Quelle: eigene Darstellung, vgl. Anhang Tabelle D

4.2.2 Effizienzmessung

Bei der Bestimmung der Effizienzwerte besteht allgemein das Problem, dass die Wirkung der Staatsausgaben auf Outcomes und Outcomes nicht eindeutig von anderen Einflüssen trennbar ist, sodass die ausgewählten und verfügbaren Daten zu den Staatsausgaben (siehe Anhang Tabelle C) nur näherungsweise die tatsächlichen Effekte abzubilden versuchen. Die COFOG-Klassifizierung ist insbesondere für die Zuteilung der Ausgaben zur Daseinsvorsorge hilfreich. Gleichzeitig fehlen häufig vergleichbare Daten für die unteren Stufen der Klassifizierung (vgl. Europäische Kommission, 2007: S. 85).

Die internationale Vergleichbarkeit von Staatsausgaben wird außerdem durch unterschiedliche Besteuerungssysteme verzerrt. Die Heranziehung von Ausgabenquoten im Verhältnis der Wirtschaftsleistung unterstellt ferner einen proportionalen Verlauf der Produktionskosten für öffentliche Güte rund Dienstleistungen mit der Pro-Kopf-Wirtschaftsleistung.

Die Ergebnisse für die Effizienz des öffentlichen Sektors werden in Tabelle 2 wiedergegeben.

Tabelle 2 – PSE-Werte (2011) für alle Indikatoren und Gesamteffizienz-Index

Land	Daseinsvorsorge-Indikatoren							Indikatoren Kernaufgaben Staat			Gesamteffizienz des öffentlichen Sektors
	Abfallwirtschaft	Abwasserwirtschaft	Bildung	Gesundheit	ÖPNV/Verkehr	Strom- und Gasversorgung	Wasserversorgung	Distribution	Stabilität	Wirtschaftsleistung	
Australien			1.057	1.132							1.094
Belgien	1.260		0.931	1.072	0.234	0.624		1.036	0.702	0.997	0.857
Dänemark			0.739	0.640	0.195	0.877		0.970	0.771	0.554	0.678
Deutschland	2.370	1.921	1.455	1.083	3.390	1.772		0.999	0.752	1.093	1.648
Finnland			0.951	1.131	0.100			0.807	1.015	1.074	0.846
Frankreich	0.552	0.812	0.955	0.953	2.780	0.363	0.583	0.840	0.524	0.927	0.929
Griechenland	0.460	1.743	1.341	1.087	0.030		0.658	0.717	1.612	0.996	0.960
Irland		0.228	1.099	1.120		0.635	0.041	1.149	1.983	1.524	0.972
Island			0.686	0.807				1.070	4.589	0.952	1.621
Italien	0.552		1.232	0.982	1.488	0.227	1.004	0.801	0.681	0.745	0.857
Japan			1.699	1.590				1.108	0.587	0.601	1.117
Kanada				1.060				1.092	1.056	1.190	1.100
Luxemburg	1.052	0.392	1.097	1.217	0.007	1.148	0.061	1.435	1.464	1.413	0.929
Neuseeland				0.925							0.925
Niederlande	0.544	0.327	0.981	0.808	0.400	1.210		1.133	1.147	0.592	0.794
Norwegen	1.421	0.561	1.067	0.908	0.073		0.232	1.338	0.932	0.715	0.805
Österreich		1.882	1.077	1.091	0.216			0.936	0.629	0.861	0.956
Portugal	1.345	1.604	0.737	1.035	0.107			0.747	0.724	0.748	0.881
Schweden	1.654		0.877	0.614	0.242	1.144	0.074	0.973	0.891	0.896	0.818
Schweiz	1.697	0.640	0.975	1.128	0.414		0.052	1.533	0.992	1.732	1.018
Spanien	0.403	1.941	1.103	1.020	0.590	1.240	0.813	0.921	1.074	1.719	1.082
USA			0.913	0.963				1.135	0.680	1.272	0.993
Vereinigtes Königreich	0.413		0.902	0.904	1.963	2.430		0.977	0.937	0.957	1.185
Durchschnitt	1.056	1.096	1.042	1.012	0.764	1.061	0.391	1.034	1.131	1.027	1.003

Quelle: eigene Berechnungen und Darstellung

Zunächst ist auffällig, dass gerade für die Daseinsvorsorge je nach Funktionsbereich unterschiedliche Datenmengen vorliegen. Wohingegen Daten zum Bildungs- und Gesundheitswesen nahezu vollständig für alle betrachteten Länder verfügbar sind, sind diese in den anderen Bereichen nur beschränkt verfügbar. Dies schränkt die Aussagekraft und Interpretationsfähigkeit zwar ein, ist aber wie auch in anderen Studien berücksichtigt ein grundlegendes Problem der Effizienzmessung (vgl. u.a. Handler et al., 2013, S. 8ff.).

Für die einzelnen Bereiche der Daseinsvorsorge zeichnet sich ein heterogenes Bild. In der Abfallwirtschaft schwanken die berechneten Effizienzwerte zwischen 0,403 (Spanien) und 2,370 (Deutschland). Der maximale Wert für Deutschland deutet auf eine effiziente Verwendung der aufgewendeten Staatsausgaben in diesem Bereich hin. Die Abfallwirtschaft in der Bundesrepublik unterliegt zahlreichen Regulierungen. Mit dem Kreislauf-wirtschaftsgesetz von 1996 wurde der auf der Fokus auf die reine Beseitigung auf den gesamten Abfallkreislauf erweitert. Neben der reinen Beseitigung fließen insbesondere ökologische und nachhaltige Aspekte mit ein. In Spanien ist diese Ausrichtung auf Umweltverträglichkeit noch jüngerer Art und auch die Umsetzung von EU-Richtlinien ist nicht abgeschlossen (vgl. Handelsblatt online, 2009). Bei der Abwasserwirtschaft schneiden vor allem Spanien (1,941), Deutschland (1,921) und Österreich (1,882) mit besonders hohen Werten bei der Effizienz ab. Dies deckt sich mit Erkenntnissen der Europäischen Kommission, die eben diesen Ländern einen hohen Umsetzungsgrad der europäischen Mindeststandards bei der Abwasserbeseitigung attestiert (vgl. bvöd, 2013). Das Bildungs- und

Gesundheitswesen kennzeichnet sich in erster Linie durch eine ausgeglichen Datenverfügbarkeit über alle betrachteten Länder hinweg. Der durchschnittliche PSP-Wert im Bildungssektor beziffert sich auf 1,042. Deutlich darunter liegen Island (0,686), Dänemark (0,739) und Portugal (0,737). Deutschland und Japan weisen die höchsten Effizienzwerte mit 1,455 bzw. 1,699 auf. Im Gesundheitswesen verteilen sich die Effizienzwerte über eine Bandbreite von 0,614 (Schweden) bis 1,590 (Japan). Deutschland behauptet sich mit einem Wert von 1,083 im Mittelfeld. Der öffentliche Personennahverkehr und der Schienentransport scheinen in erster Linie in Frankreich, Deutschland, Italien und dem Vereinigten Königreich von hoher Bedeutung zu sein. Trotz eingeschränkter Aussagefähigkeit der Daten deuten darauf gleichzeitig hohe Effizienzwerte PSP-Werte hin. An dieser Stell sei darauf hingewiesen, dass der Ausbau und die Notwendigkeit eines dicht vernetzten Schienennetzes auch historisch bedingt und an wirtschaftliche Strukturen geknüpft ist, was zu Datenverzerrungen führen kann. Bei der Strom- und Gasversorgung weist Deutschland mit einem Wert von 1,772 den zweithöchsten Effizienzwert nach dem Vereinigten Königreich mit 2,430 auf. Deutlich darunter liegen Italien (0,227) und Frankreich (0,363). Bedauerlicherweise lässt sich bei der Wasserversorgung aufgrund fehlender Messdaten keine Aussage über Deutschland treffen. Die Spanne der Effizienzwerte reicht von 0,041 für Irland bis 1,004 für Italien.

Nach Zusammenfassung der einzelnen Effizienzwerte der Sub-Indikatoren und der entsprechenden Gewichtung, nach ähnlicher Vorgehensweise wie bei den PSP-Werten, zeigt sich Unterschiede bei der Effizienzbetrachtung des öffentlichen Sektors. Von der durchschnittlichen Gesamteffizienz in Höhe von 1,002 weicht keines der betrachteten Länder außerordentlich ab. Der niedrigste Wert lässt sich auf 0,678 beziffern und lässt sich Dänemark zuordnen, was Ineffizienzen im öffentlichen Sektor und dem Bereich der Daseinsvorsorge vermuten lässt. Die Bundesrepublik schneidet mit einem Effizienzwert von 1,648 am besten ab.

Ein Vergleich der Performance und der Effizienz zeigt deutliche Unterschiede zwischen den zum Vergleich herangezogenen Ländern. Beide Maße verhalten sich jedoch ähnlich, denn keines der Länder weist beispielsweise gleichzeitig einen sehr hohen Effizienzwert und einen niedrigen Performancewert auf. Deutschland liefert für beide Maßzahlen überdurch-schnittliche Werte. Dies deutet daraufhin, dass marginale Zuwächse der Staatsausgaben keineswegs automatisch negative Auswirkungen auf Outputs und Outcomes haben. Der Umstand, dass auch kleinere Volkswirtschaften größere „ausstechen", lässt darauf schließen, dass der Staatssektor in einigen Industriestaaten deutlich aufgeblasen ist und Effizienz-verbesserungen möglich sind.

4.2.3 Free-Disposal-Hull-Analyse

Die FDH-Analyse nutzt die gewonnen Informationen über die PSP- und PSE-Werte, um Input- und Outputeffizienz-Rankings der einzelnen Daseinsvorsorge-Bereiche aufzustellen. Mithilfe dieser lässt sich das Ausmaß der „Verschwendung" der Staatsausgaben beziffern. Dabei gilt bei der Interpretation die relative Betrachtungsweise zu berücksichtigen[14].

Öffentlicher Sektor gesamt

Abbildung 5 skizziert den Verlauf der Transformationskurve.[15] In der nachfolgenden Tabelle 3 werden zunächst die Input- und Output-Effizienz für den gesamten öffentlichen Sektor dargestellt.

Abbildung 5 – FDH-Analyse Öffentlicher Sektor gesamt, 2011

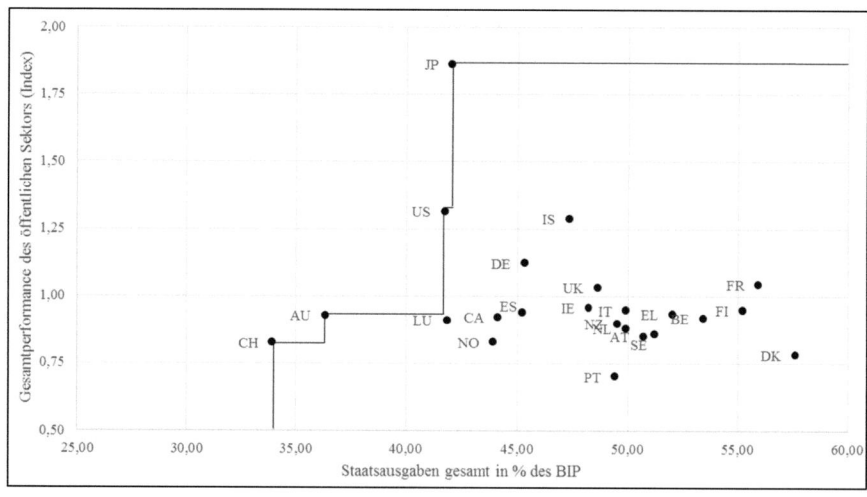

Quelle: eigene Darstellung, Werte aus Tabelle 1 und C

---

[14] Zur besseren Lesbarkeit werden in den Datenbeschriftungen die Länderabkürzungen gemäß Eurostat verwendet.
[15] Die Ermittlung der Transformationskurve erfolgte grafisch auf Grundlage der vorhandenen Daten. Die tatsächliche Lage der Funktion ist nicht bekannt und kann von der skizzierten Lage abweichen.

Tabelle 3 – Effizienzranking des Öffentlichen Sektors, 2011

| Land | Input-Effizienz | | Output-Effizienz | |
	Input-Effizienz	Rang	Wert	Rang
Australien	1.00	1	1.00	1
Belgien	0.68	22	0.49	16
Dänemark	0.59	23	0.42	22
Deutschland	0.92	5	0.60	7
Finnland	0.76	15	0.51	11
Frankreich	0.75	16	0.56	8
Griechenland	0.80	14	0.50	14
Irland	0.87	8	0.52	10
Island	0.88	7	0.69	5
Italien	0.84	12	0.51	11
Japan	1.00	1	1.00	1
Kanada	0.86	10	0.50	14
Luxemburg	0.87	8	0.69	5
Neuseeland	0.73	17	0.48	17
Niederlande	0.73	17	0.47	18
Norwegen	0.83	13	0.45	21
Österreich	0.72	19	0.46	19
Portugal	0.69	21	0.38	23
Schweden	0.71	20	0.46	19
Schweiz	1.00	1	1.00	1
Spanien	0.92	5	0.51	11
USA	1.00	1	1.00	1
Vereinigtes Königreich	0.86	10	0.56	8
Durchschnitt	0.83		0.60	

Quelle: eigene Berechnungen

Die effizientesten Länder befinden sich auf der Transformationskurve und nehmen den Wert 1 im Ranking an. Die Schweiz, Australien, die USA und Japan belegen den ersten Platz bezüglich Input- und Outputeffizienz. Luxemburg, Kanada und Norwegen liegen näher an der Transformationskurve und sind effizienter als beispielsweise Portugal, Griechenland oder Italien, die weiter von dieser entfernt sind. Die niedrigste Input-Effizienz wurde für Dänemark ermittelt (Rang 23, Wert 0,59). Deutschlands Input-Effizienz beziffert sich auf 0,92 (Rang 5) und bedeutet, dass 8 Prozent der Staatsausgaben effizienter eingesetzt werden könnten, um denselben Output zu erzielen. Im Fall von Dänemark beliefe sich dieses Verbesserungspotential auf 41 Prozent.

Abbildung 6 – FDH-Analyse der Abfallwirtschaft, 2011

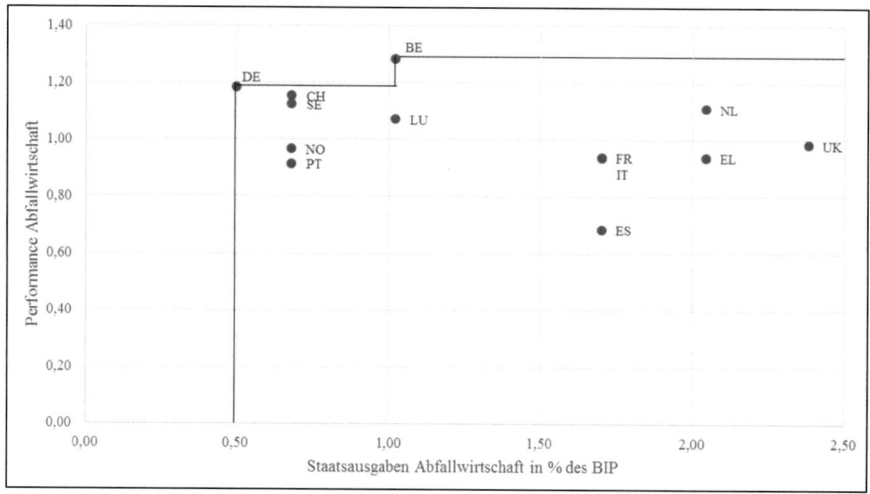

Quelle: eigene Darstellung, Werte aus Tabelle 1 und C

Die FDH-Analyse der Abfallwirtschaft (Abbildung 6) ergibt für Deutschland und Belgien einen Effizienzwert von 1. Beide liegen auf der Transformationskurve und dienen als Benchmark für Verbesserungspotenziale bei der Effizienz anderer Staaten. Deutliche Ineffizienzen ergeben sich aus den Daten für das Vereinigte Königreich, welches auf der Inputseite ein Verbesserungspotenzial von 79% (Rang 13) und auf der Outputseite von 23% (Rang 8), was Tabelle 4 zu entnehmen ist.

Tabelle 4 - Effizienzranking Abfallwirtschaft, 2011

Land	Input-Effizienz		Output-Effizienz	
	Wert	Rang	Wert	Rang
Australien				
Belgien	1.00	1	1.00	1
Dänemark				
Deutschland	1.00	1	1.00	1
Finnland				
Frankreich	0.29	8	0.73	10
Griechenland	0.25	11	0.73	10
Irland				
Island				
Italien	0.29	8	0.73	10
Japan				
Kanada				
Luxemburg	0.49	7	0.83	6
Neuseeland				
Niederlande	0.24	12	0.86	5
Norwegen	0.74	3	0.82	7
Österreich				
Portugal	0.74	3	0.77	8
Schweden	0.74	3	0.95	4
Schweiz	0.74	3	0.97	3
Spanien	0.29	8	0.53	13
USA				
Vereinigtes Königreich	0.21	13	0.77	8
Durchschnitt	0.54		0.82	

Quelle: eigene Berechnungen

Abbildung 7 – FDH-Analyse der Abwasserwirtschaft, 2011

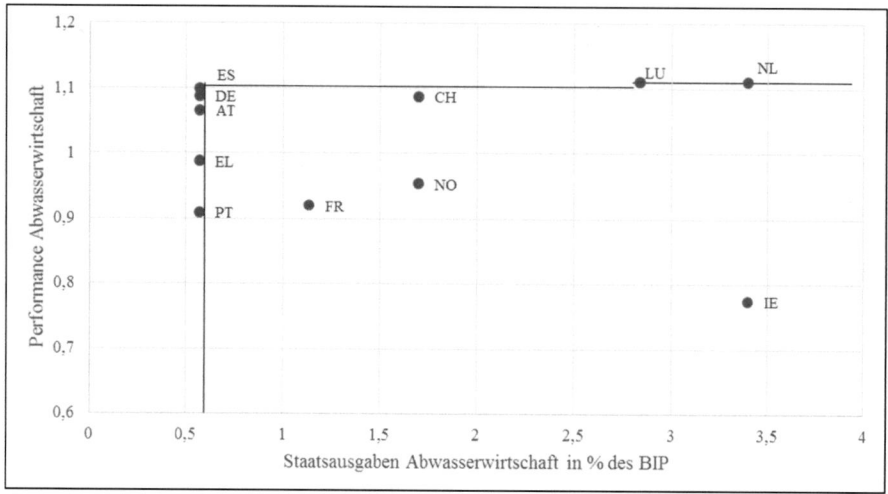

Quelle: eigene Darstellung, Werte aus Tabelle 1 und C

Die Darstellung der FDH-Analyse zeigt zwar eine Reihe von Ländern auf der Transformationslinie (Abbildung 7), aber gerade an dieser Stelle zeigt sich die eingeschränkte Aussagefähigkeit aufgrund einer prekären Datenlage. Herausstechend ist dennoch die Rolle Irlands, welches mit einer Inputeffizienz von 0.17 und einer Outputeffizienz von 0.70 in beiden Fällen den letzten Platz im Ranking belegt (Tabelle 5). Anders formuliert könnte Irland dieselbe Menge an Output mit nur 17% der gegenwärtigen Inputaufwendungen realisieren.

Tabelle 5 – Effizienzranking der Abwasserwirtschaft, 2011

Land	Input-Effizienz		Output-Effizienz	
	Wert	Rang	Wert	Rang
Australien				
Belgien				
Dänemark				
Deutschland	1.00	1	1.00	1
Finnland				
Frankreich	0.50	8	0.84	10
Griechenland	1.00	1	1.00	1
Irland	0.17	11	0.70	11
Island				
Italien				
Japan				
Kanada				
Luxemburg	1.00	1	1.00	1
Neuseeland				
Niederlande	1.00	1	1.00	1
Norwegen	0.33	9	0.87	9
Österreich	1.00	1	1.00	1
Portugal	1.00	1	1.00	1
Schweden				
Schweiz	0.33	9	0.99	8
Spanien	1.00	1	1.00	1
USA				
Vereinigtes Königreich				
Durchschnitt	0.76		0.95	

Quelle: eigene Berechnungen

Abbildung 8 – FDH-Analyse des Bildungssektors, 2011

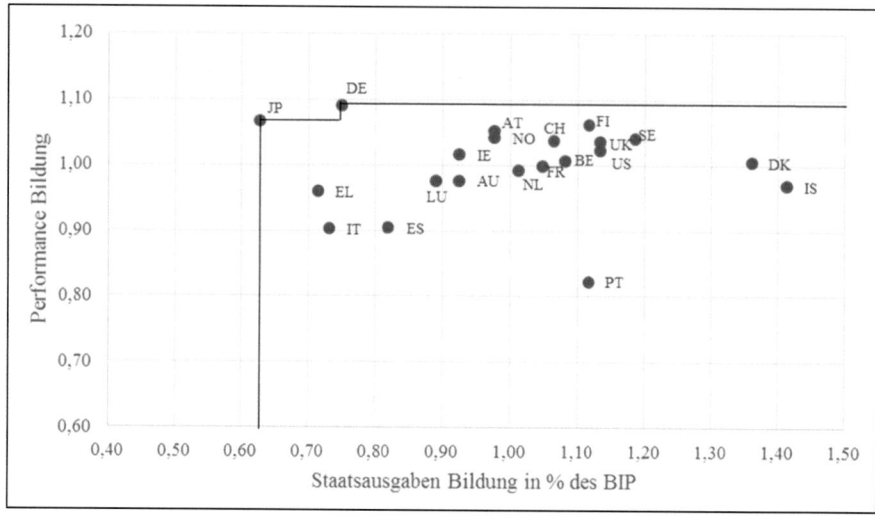

Quelle: eigene Darstellung, Werte aus Tabelle 1 und C

Das Maß im Bildungswesen wird durch Japan und Deutschland bestimmt. Beide Länder liegen wie aus der Abbildung 8 ersichtlich deutlich auf der Transformationskurve. Ein geringerer Verbesserungsbedarf auf der Inputseite lässt sich für Griechenland (Rang 3) und Italien (Rang 4) feststellen (Tabelle 6). Griechenland könnte durch effizienzsteigernde Maßnahmen denselben Output mit etwa 88% des gegenwärtigen Inputs, Italien mit etwa 86% erzielen. Für die Mehrheit der Länder sind allgemein Ineffizienzen identifizierbar. Die Inputeffizienzwerte beginnen bei 0,44, die Outputeffizienzwerte bei 0,75. Deutlichen Nachholbedarf bei der Performanceverbesserung besteht in Portugal, Dänemark und Island. Um das deutsche Effizienzniveau zu erreichen, müsste Portugal outputseitig 25%, Dänemark inputseitig 54% oder Island 56% inputseitig zulegen. Im Fall Portugals kann die Ineffizienz auf sinkende Bildungsausgaben im Zuge der Rezessionsphase ab 2009 zurückzuführen sein. Neben staatlichen Leistungen im Bildungssektor spielt vor allem die private Finanzierung durch die Haushalte eine bedeutende Rolle (vgl. OECD, 2015a).

Tabelle 6 – Effizienzranking Bildungssektor, 2011

	Input-Effizienz		Output-Effizienz	
Land	Wert	Rang	Wert	Rang
Australien	0.68	7	0.90	15
Belgien	0.58	14	0.92	11
Dänemark	0.46	20	0.92	11
Deutschland	1.00	1	1.00	1
Finnland	0.56	15	0.97	3
Frankreich	0.60	12	0.92	11
Griechenland	0.88	3	0.90	15
Irland	0.68	7	0.93	10
Island	0.44	21	0.89	17
Italien	0.86	4	0.85	19
Japan	1.00	1	1,00	1
Kanada				
Luxemburg	0.71	6	0.89	17
Neuseeland				
Niederlande	0.62	11	0.91	14
Norwegen	0.64	9	0.96	4
Österreich	0.64	9	0.96	4
Portugal	0.56	15	0.75	21
Schweden	0.53	19	0.95	6
Schweiz	0.59	13	0.95	6
Spanien	0.77	5	0.83	20
USA	0.55	17	0.95	6
Vereinigtes Königreich	0.55	17	0.94	9
Durchschnitt	0.66		0.87	

Quelle: eigene Berechnungen

Abbildung 9 – FDH-Analyse des Gesundheitssektors, 2011

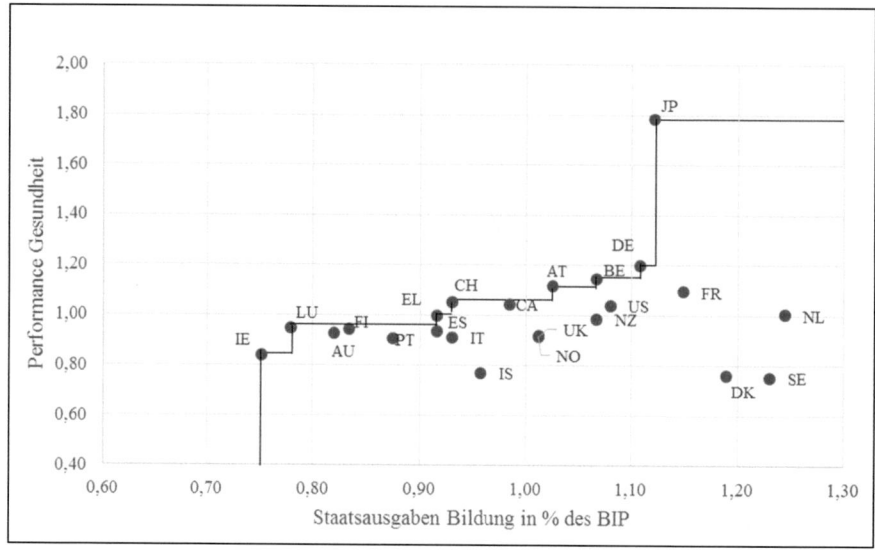

Quelle: eigene Darstellung, Werte aus Tabelle 1 und C

Das Feld Gesundheit kennzeichnet sich durch deutliche Differenzen in den institutionellen und rechtlichen Rahmenbedingungen der betrachteten Länder. Mittels grafischer Ermittlung durch Abbildung 9 wird deutlich, dass Belgien, Deutschland, Griechenland, Italien, Luxemburg, Österreich und die Schweiz die Effizienzbewertung bestimmen. Durch Effizienzwerte von 1 schneiden die genannten Länder am besten ab Tabelle 7). Insgesamt befindet sich das Effizienzniveau mit einem Durchschnitt von 0,88 (inputseitig) bzw. 0,98 (outputseitig) auf einem bereits hohen Niveau. Dazu beigetragen hat in erster Linie der Anstieg der Lebenserwartung über den Untersuchungszeitraum hinweg, welche die OECD für ihre Mitgliedsländer auf einen jährlichen Anstieg von 3-4 Monaten pro Jahr quantifiziert. Die Eigenheiten eines Gesundheitssystems und auch mögliche private Zuzahlungen für die Inanspruchnahme an Leistungen hindern den Zugang zum Gesundheitswesen und haben ferner Einfluss auf den Gesundheitszustand der Gesamtbevölkerung. Laut Angaben der OECD beläuft sich beispielsweise der Anteil privater Leistungen im Vereinigten Königreich auf über 30% der Gesundheitsausgaben, worin ein Indiz für den niedrigeren Inputeffizienz-wert gesehen werden kann (vgl. OECD, 2015b).

Tabelle 7 – Effizienzranking Gesundheitswesen, 2011

Land	Input-Effizienz		Output-Effizienz	
	Wert	Rang	Wert	Rang
Australien	0.95	9	0.98	11
Belgien	1.00	1	1.00	1
Dänemark	0.63	22	0.43	22
Deutschland	1.00	1	1.00	1
Finnland	0.93	11	0.99	9
Frankreich	0.89	12	0.61	20
Griechenland	1.00	1	1.00	1
Irland	1.00	1	1.00	1
Island	0.78	18	0.74	19
Italien	0.84	16	0.87	15
Japan	1.00	1	1.00	1
Kanada	0.94	10	0.99	9
Luxemburg	1.00	1	1.00	1
Neuseeland	0.86	14	0.86	17
Niederlande	0.74	20	0.56	21
Norwegen	0.77	19	0.88	14
Österreich	1.00	1	1.00	1
Portugal	0.89	12	0.83	18
Schweden	0.61	23	0.42	23
Schweiz	1.00	1	1.00	1
Spanien	0.82	17	0.94	12
USA	0.86	14	0.90	13
Vereinigtes Königreich	0.70	21	0.87	15
Durchschnitt	0.88		0.98	

Quelle: eigene Darstellung

Abbildung 10 – FDH-Analyse Sektor ÖPNV/Verkehr, 2011

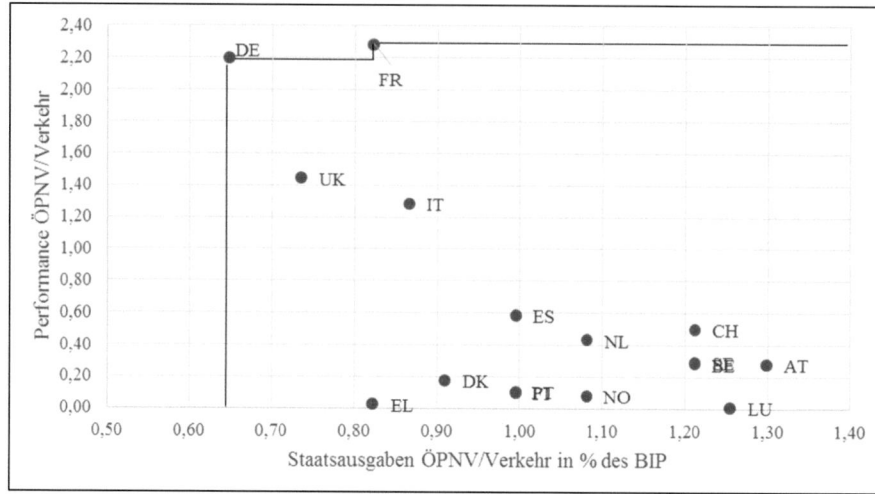

Quelle: eigene Darstellung, Werte aus Tabelle 1 und C

Die Entwicklung im Bereich der Versorgung mit Mobilitäts- und Nahverkehrs-dienstleistungen wird in erster Linie durch die Bevölkerungs- und Wirtschaftsentwicklung bestimmt. Netzgebundene Infrastruktur bedarf kontinuierlicher Investitionen und erfordert für effiziente und effektive Angebote hohen Kapitalbedarf.

Wie aus der Abbildung 10 zu entnehmen ist, liegen Deutschland und Frankreich auf der Transformationslinie und dienen als Benchmark für die effiziente Kombination von Input und Output. Die Daten sind an dieser Stelle mit Vorsicht zu interpretieren, da die Performance-Messung auf Basis der beförderten Personenkilometer beruht und die nach der COFOG-Klassifizierung herangezogenen Ausgabendaten nicht deckungsgleich mit den Ausgaben im Schienenverkehr sind. Das Abschneiden Deutschlands und Frankreich ist dennoch keineswegs verwunderlich, denn historisch bedingt verfügen beide Länder über die größten Eisenbahnnetze der betrachteten Länder.

Allgemein stellen sich die Herausforderung für die Länder vor allem in der wirtschaftlichen Bereitstellung von Dienstleistungen über Städte und Metropolregionen hinweg. Die Versorgung des ländlichen Raums als ein Kernthema der Daseinsvorsorge unter Berücksichtigung des demografischen Wandels erfordert den Einsatz neuer Konzepte und Strukturen in allen Teilbereichen. Eine Studie zu Deutschland beispielsweise bemängelt die mangelhafte Instandhaltung und den Ausbau der Infrastruktur. Diese Sorge deckt sich mit Befragungen von Kommunen und Trägern des ÖPNV. Eine Initiative von Verbänden, Institutionen und dem Bundesrat sammelt und bündelt konkrete Vorschläge und Maßnahmen, die zur Diskussion gestellt werden. Beispielsweise könnte die ausgerufene Revolution „Industrie 4.0" und die ressourcen- und effizienzbasierende Produktionsweise auch in einem Konzept „Mobilität 4.0" umgesetzt werden (vgl. Resch, 2015, S. 195).

Tabelle 8 – Effizienzranking Sektor ÖPNV/Verkehr, 2011

Land	Input-Effizienz		Output-Effizienz	
	Wert	Rang	Wert	Rang
Australien				
Belgien	0.54	10	0.12	9
Dänemark	0.71	6	0.08	11
Deutschland	1.00	1	1.00	1
Finnland	0.65	7	0.04	13
Frankreich	1.00	1	1.00	1
Griechenland	0.79	4	0.01	15
Irland				
Island				
Italien	0.75	5	0.56	4
Japan				
Kanada				
Luxemburg	0.52	15	0.00	16
Neuseeland				
Niederlande	0.60	13	0.19	7
Norwegen	0.60	13	0.03	14
Österreich	0.50	16	0.12	9
Portugal	0.65	7	0.05	12
Schweden	0.54	10	0.13	8
Schweiz	0.54	10	0.22	6
Spanien	0.65	7	0.26	5
USA				
Vereinigtes Königreich	0.88	3	0.66	3
Durchschnitt	0.68		0.28	

Quelle: eigene Darstellung

Abbildung 11 – FDH-Analyse Sektor Strom- und Gasversorgung, 2011

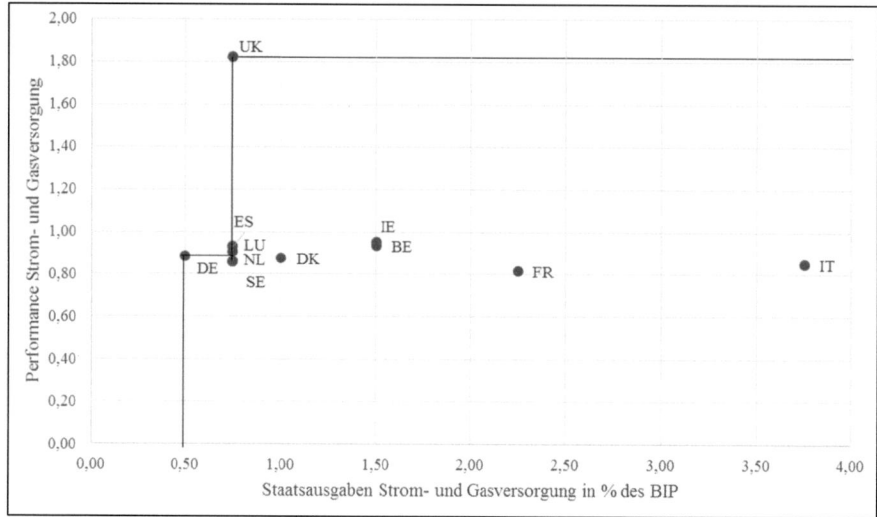

Quelle: eigene Darstellung, Werte aus Tabelle 1 und C

Die Transformationskurve für den Bereich der Energieversorgung mit Strom und Gas (Abbildung 11) und die dazugehörigen Effizienzwerte sind aufgrund mangelhafter Daten nur bedingt interpretierbar. Nach den Berechnungen liegt Deutschland neben Spanien, den Niederlanden und dem Vereinigten Königreich auf der Kurve. Die Inputeffizienzwerte weisen Luxemburg ein besonders hohes Maß an Ineffizienzen nach (0,04, Rang 11). Ebenso rangiert Italien mit Rang 10 am Ende des Rangfolge. Die Ergebnisse auf der Outputseite sind recht homogen und belaufen sich im Schnitt auf ein Effizienzverbesserungspotential von 51% (Tabelle 9). Die Herausforderungen des Sektors liegen in einer zunehmend dezentraleren Ausrichtung der Versorgung und einem steigenden Anteil erneuerbarer Energien zur Elektrizitätserzeugung. In Deutschland wird sich zeigen inwieweit der Atomausstieg und zunehmenden Tendenzen der Rekommunalisierung zur einer Effektivitäts- und Effizienzverbesserung beitragen werden.

Tabelle 9 – Effizienzranking Sektor Strom- und Gasversorgung, 2011

Land	Input-Effizienz		Output-Effizienz	
	Wert	Rang	Wert	Rang
Australien				
Belgien	0.50	7	0.51	5
Dänemark	0.75	4	0.48	8
Deutschland	1.00	1	0.49	1
Finnland				
Frankreich	0.33	9	0.45	11
Griechenland				
Irland	0.50	7	0.52	4
Island				
Italien	0.20	10	0.47	9
Japan				
Kanada				
Luxemburg	0.04	11	0.47	9
Neuseeland				
Niederlande	1.00	1	0.50	7
Norwegen				
Österreich				
Portugal				
Schweden	0.66	6	0.97	3
Schweiz				
Spanien	1.00	1	0.51	5
USA				
Vereinigtes Königreich	1.00	1	1.00	1
Durchschnitt	0.64		0.49	

Quelle: eigene Darstellung

Abbildung 12 – FDH-Analyse Sektor Wasserversorgung, 2011

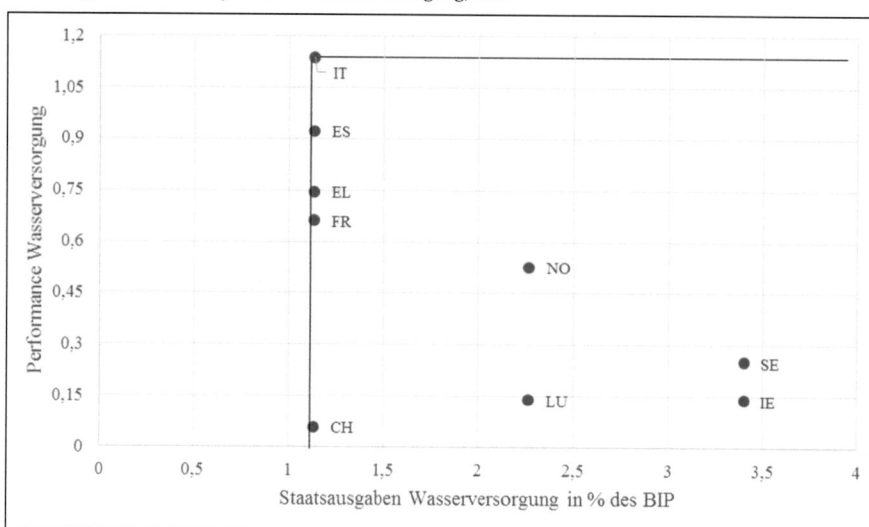

Quelle: eigene Darstellung, Werte aus Tabelle 1 und C

Daten bezüglich der Wasserversorgung liegen nur teilweise für Mitgliedsstaaten der Europäischen Union vor. Geeignete Daten für Deutschland sind nicht verfügbar.

Bei Betrachtung der Ergebnisse der FDH-Analyse wird deutlich, dass Luxemburg, Norwegen, Schweden und Italien ein Verbesserungspotenzial aufweisen. Norwegen beispielsweise könnte denselben Output mit der Hälfte an Inputs erzeugen. Im Inputeffizienz-Ranking belegt das Land damit Platz 7 (Tabelle 10). Innerhalb Deutschlands und der Europäischen Union wird eine qualitativ hochwertige Wasserversorgung angestrebt. Dabei wird ordnungspolitisch auf das gesamte Repertoire der öffentlichen bzw. privaten Leistungserstellung zurückgegriffen, sodass Privatisierungen kommunaler Wasserbetriebe häufig kommunale Diskussion bestimmte (vgl. Keller, 2009, S. 179ff.)

Tabelle 10 – Effizienzranking Sektor Wasserversorgung, 2011

Land	Input-Effizienz		Output-Effizienz	
	Wert	Rang	Wert	Rang
Australien				
Belgien				
Dänemark				
Deutschland				
Finnland				
Frankreich	1.00	1	1.00	1
Griechenland	1.00	1	1.00	1
Irland	0.33	8	0.12	8
Island				
Italien	1.00	1	1.00	1
Japan				
Kanada				
Luxemburg	0.50	6	0.12	8
Neuseeland				
Niederlande				
Norwegen	0.50	7	0.46	6
Österreich				
Portugal				
Schweden	0.33	8	0.22	7
Schweiz	1.00	1	1.00	1
Spanien	1.00	1	1.00	1
USA				
Vereinigtes Königreich				
Durchschnitt	0.74		0.66	

Quelle: eigene Darstellung

Zusammenfassend zeigt sich, dass Deutschland in der Betrachtung über den gesamten öffentlichen Sektor hinweg sehr gut abschneidet, aber auch Verbesserungspotential und ferner Maßnahmen zur Verbesserung der Inputeffizienz von politischer Seite denkbar wären. Insbesondere in den hier betrachteten Daseinsvorsorgebereichen spielt Deutschland eine maßgebende Rolle als Benchmark in Effektivitäts- und Effizienzbetrachtungen. Die Lage auf der Effizienzkurve in den Bereichen Abfallwirtschaft, Abwasserwirtschaft, Bildung, Gesundheit, ÖPNV/Verkehr und Strom-und Gasversorgung bedeutet dennoch keineswegs vollkommene Effizienz und keine Notwendigkeit von Maßnahmen zu Effektivitäts- und Effizienzverbesserungen.

4.3 Diskussion und Handlungsempfehlungen

Ausgehend von den empirischen Ergebnissen der Analyse erweist sich Deutschland in den Bereichen der Daseinsvorsorge als best-practice-Beispiel bei der relativen Betrachtung von Ländern und deren Effektivitäts- und Effizienzbewertung hinweg. Die im vorherigen Kapitel auftretende Abweichung aus der relativen Gesamtbetrachtung von den einzelnen Sektoren begründet sich in erster Linie durch die Performance und Ausgaben für die allgemeinen staatlichen Aufgaben, die in den Musgrave-Indikatoren abgebildet wurden. Auf Basis der Ergebnisse scheinen ferner institutionelle Rahmenbedingungen und Verbesserungen der allgemeinen Verwaltungsstrukturen sinnvoll. Dieses Argument deckt sich mit Studienerkenntnissen anderer Autoren. Afonso et al. (2013) stellten für 23 lateinamerikanische und karibische Länder fest, dass die Größe des Staatsapparates invers mit den Effizenzmaßstäben korreliert. Dies konnte auch in einer vorherigen Studie für OECD-Länder nachgewiesen werden und erklärt, warum auch Länder mit kleinen und mittleren Staatsquoten und geringeren Staatsausgaben bessere Performance und Effizienzwerte erzielen. Die Effektivität und Effektivität von Staatsausgaben wird zunehmend durch institutionelle Faktoren wie Transparenz und Regulierung bestimmt (vgl. Afonso, Schuhknecht und Tanzi (2010). Des Weiteren gehen steigende Staatsausgaben keineswegs mit einer höheren gesamt-wirtschaftlichen Wirtschaft einher (vgl. Tanzi und Schuhknecht, 1997 und 2000).

Besonders hervorzuheben ist an dieser Stelle, dass die Ergebnisse lediglich Indizien und Hinweise auf mögliche Einflüsse der Staatsausgaben und deren Effizienz und Effektivität auf die gewählten Indikatoren haben. Der relative Vergleich der betrachteten Länder verbietet eine Verallgemeinerung von Aussagen. Des Weiteren bemisst sich die Güte der Analyse an den ausgewählten Input- und Outputindikatoren zur Abbildung des öffentlichen Produktionsprozesses. Sowohl Datenqualität und Datenvergleichbarkeit stellen das Vorgehen der Analyse vor Herausforderungen. Die mangelnde Operationalisierbarkeit und das komplexe System interner und externer Einflussfaktoren erschweren eine genaue Zuordnung der Wirkungseinflüsse auf die Outputs und Outcomes, die ohnehin teilweise schwer zuzuordnen sind. Der politische Entscheidungsraum und fiskalische und sozialpolitische Motive bestimmen zudem die politische Zielsetzung und die gewünschten Effekte (vgl. Greiling, 2006, S. 455). Unterschiedliche Ausgangsniveaus in Ausgabenhöhe, wirtschaflicher und gesellschaftlicher Entwicklung nehmen außerdem Einfluss auf die Effektivitäts- und Effizienzmessung (vgl. Mandl et al., 2008, Box 1). Die Höhe der Staatsausgaben allein ist wie gezeigt wurde nicht unmittelbar mit der Effektivität und der Effizienz der öffentlichen Hand und hier im Speziellen der Daseinsvorsorge verbunden. Hinzu kommen die im Rahmen der

FDH-Analyse angenommen Anforderungen an die Daten. Ein Vergleich der Daseinsvorsorgebereiche und der Kernaufgaben der Staaten unterstellt über die betrachtete Stichprobe hinweg einen proportionalen Anstieg der Produktionskosten pro Kopf. Diese Annahme ist sehr streng, denn gerade über die EU hinaus bestehen deutliche Systemunterschiede, unterschiedliche Regulierungen verschiedene Ausgangsniveaus, die auf diese Einfluss nehmen. Des Weiteren unterscheiden sich die einzelnen Bereich in ihrer Faktorintensität (vgl. Pitlik et al., 2008, S. 219f.). Beispielsweise sind Bildungs- und Gesundheitsdienstleistungen deutlich arbeitsintensiver als kapitalintensivere Strom- und Gasnetze. Diese nationalen Unterschiede sind der Ausgangspunkt für zunehmenden internationalen Wettbewerb und die ordnungspolitische Diskussion über öffentliche versus private Leistungserstellung öffentlicher Güter und Dienstleistungen, welche hier nicht fokussiert wird.

Wie in Kapitel 3.3 dargestellt kommen zur Steigerung der Effizienz und der Effektivität der Staatsausgaben verschiedene Maßnahmen und Ansätze in Frage. Ein optimaler Maßnahmenkatalog lässt sich daraus hingegen nicht ableiten. Auf Basis der Ergebnisse für die Bundesrepublik Deutschland zeigt sich, dass die einzelnen Daseinsvorsorgebereiche bereits gute bis sehr gute Qualität in Bezug auf die Performance und die eingesetzten Staatsausgaben aufweisen. Etwaige politische Reformbestrebungen zur langfristigen und nachhaltigen Sicherung des Leistungsangebots bedürfen dennoch institutioneller Anpassungen. Nach den Erfahrungen der letzten Finanzkrise, in Anbetracht niedriger wirtschaftlicher Wachstumsquoten, einer alternden Gesellschaft und zunehmenden fiskalischen Beschränkungen auf nationaler und europäischer Ebene unterstütze ich die Argumentation von De Vries und Nemic (2013). Mit Aufkommen und Umsetzung des New Public Managements in den deutschen Verwaltungsstrukturen wurde vordergründig auf eine bessere Kosteneffizienz abgestellt. Dieses Ziel erfolgte durch Maßnahmen zur Verkleinerung des öffentlichen Sektors insgesamt und durch die interne Performance-Verbesserung des öffentlichen Sektors. Das Konzept des New Public Managements und seine Erfolgsaussichten kommen unter den genannten Herausforderungen jedoch an ihre Grenzen. Eine Ergänzung im Rahmen neuer Ansätze wie beispielsweise der Good Governance führen weitreichende Veränderungen herbei. Im Fokus steht dabei eine Betonung der Rechtsstaatlichkeit, mehr Glaubwürdigkeit, Offenheit und Transparenz, zunehmenden Rechenschafts- und Verantwortungspflichten und eine langfristig orientierte Ausrichtung auf Effektivität und Outcomes (vgl. De Vries und Nemic, 2013: S. 7).

Für die Bereiche der Daseinsvorsorge in Deutschland und durch die im Grundgesetz verankerte kommunale Selbstverwaltung sind die staatlichen Aufgaben- und Entscheidungsträger bereits unmittelbar an den Versorgungsdienstleistungen beteiligt. Eine fortschreitende Dezentralisierung der Fiskalpolitik wird auch durch den Internationalen Währungsfonds (2015) unterstützt. In fiskalpolitischer Hinsicht bedeutet dies, dass auch dezentrale staatliche Institutionen Entscheidungskompetenzen über die Bereitstellung öffentlicher Güter und Dienstleistungen der Daseinsvorsorge erhalten. In diesem Auftrag dürfen diese zugewiesene Ausgaben verwenden und Einnahmen tätigen. Für eine erfolgreiche Ausgabendezentralisierung muss laut IWF ein Schwellenwert von 35% erreicht werden, um Effizienzsteigerungen des öffentlichen Sektors und der Daseinsvorsorge zu erreichen (vgl. IWF, 2015: S. 12). Erfahrungen und Untersuchungsergebnisse für Österreich zeigen, dass insbesondere interregionale und interkommunale Kooperationen, die dezentralisierte Verwaltung und Entflechtungsmaßnahmen der Verwaltungsstrukturen zu Effektivitäts- und Effizienzverbesserungen führten (vgl. Pitlik et al., 2010). Aufgrund der vergleichbaren föderalen Strukturen mit Österreich können ähnliche Effekte für Deutschland vermutet werden. In einzelnen Bereichen der Daseinsvorsorge lassen sich gegenwärtig Tendenzen zur Rekommunalisierung erkennen. Besonders betroffen ist dabei der Energiesektor, da durch auslaufende Konzessionen sich neue politische Spielräume über die Verteilung der Aufgabenbewältigung ergeben. Nicht nur negative Erfahrungen mit Privatisierungen, sondern auch die Sicherung politischer Handlungsspielräume bei Entscheidungen um Belange der Daseinsvorsorge sind Bestandteil dieser Motivation (vgl. Matecki und Schulten, 2013). Fiskalische Disziplin und langfristige Nachhaltigkeit des Daseinsvorsorgekonzepts können nur durch ausreichend politischen Entscheidungsraum ausgaben- und einnahmenseitig realisiert werden. Die Risiken der Zukunft und der Effektivität und Effizienz der Daseinsvorsorge in Deutschland hängen entscheidend von europäischen Entscheidungen und zunehmenden Harmonisierungstendenzen ab. Dies kann beispielhaft an der Liberalisierung von Märkten wie des Energie- oder Verkehrssektors verdeutlicht werden. International bleibt abzuwarten welchen Einfluss die gegenwärtigen Migrationsbewegungen und Verhandlungen über das TTIP-Freihandelsabkommen auf die Daseinsvorsorge einwirken.

5. Fazit

Das Ziel der Arbeit lag in der Identifizierung von Effektivitäts- und Effizienzsteigerungsmöglichkeiten in ausgewählten Bereichen der Daseinsvorsorge. Im Fokus standen die Bereiche Abwasser- und Abfallbeseitigung, Bildungswesen, Gesundheitswesen, öffentlicher Personennahverkehr, Strom- und Gasversorgung und die Wasserversorgung. Diese Sektoren sind neben Weiteren eine elementare Säule des deutschen Wohlfahrtsstaates. Durch die staatliche Bereitstellung öffentlicher Güter und Dienstleistungen im Rahmen der Daseinsvorsorge wird eine Versorgung lebensnotwendiger Leistungen für die Bevölkerung gewährleistet. Die hohe Relevanz der Leistungen für das Wirtschaftssystem spiegelt sich ebenso im Anteil der Staatsausgaben im Haushalt wider.

Die Einnahmen- und Ausgabenpolitik des Staates leistet einen unterstützenden Beitrag für ein auf Wachstum ausgerichtetes Wirtschaftsmodell. Zunehmende fiskalische Beschränkungen auf nationaler und internationaler Ebene, zunehmende volkswirtschaftliche Risiken durch die Globalisierung und demografische Veränderungen stellen damit auch die langfristige Qualität der Daseinsvorsorge in Frage. Zur Begegnung eingeschränkter politischer Handlungsbereiche ergab die Untersuchung der Daseinsvorsorge sind ferner Maßnahmen zur Effektivitäts- und Effizienzverbesserung geboten.

Die empirische Analyse des Produktionsprozess des öffentlichen Sektors ermittelte durch bestmögliche Auswahl von Input, Output- und Outcome-Indikatoren Performance- und Effizienzindizes. Die Datenerfassung erfolgte für 23 Länder der EU und der OECD hinweg. DIe Daten wurden je nach Eignung und Verfügbarkeit von Statistikbehörden der Weltbank, der OECD und der EU entnommen. Die Indizes und eine sich daran anschließende FDH-Analyse lassen vermuten, dass im relativen Vergleich Deutschland meist mit guten und sehr guten Ergebnissen abschneidet. Die attestierten Effizienzen sorgen dafür, dass Deutschland als Benchmark herangezogen werden kann. Nichtsdestotrotz sind gleichermaßen bei Gesamtbetrachtung des öffentlichen Sektors kontinuierlich Verbesserungen der Effektivität oder Effizienz umsetzbar.

Nach Einführung betriebswirtschaftlich orientierter Reformprozesse der öffentlichen Verwaltung im Zuge des New Public Management und zahlreicher Bemühungen zur Effizienzverbesserung, wird gegenwärtig diskutiert, inwieweit diese Maßnahmen auch in Zukunft einen nachhaltigen Beitrag dafür leisten können. Die Literatur verweist bereits auf die Grenzen der bisher umgesetzten Konzepte und eine Neuausrichtung auf noch stärker transparenz- und effektivitätsorientierte Regelungskonzepte wie dem Konzept der Good Governance.

Das Hauptproblem der Effektivitäts- und Effizienzbestimmung bleibt dennoch bestehen. Eine kontinuierliche und dem Konzept entsprechende Erfassung von Daten ist unabdingbar, wobei die prekäre Datenverfügbarkeit dem Einsatz der Messungen als Monitoring-Tool entgegensteht. International müssen Operationalisierungs- und Harmonisierungsvorschläge von politischen Entscheidungsträgern vorangetrieben werden. Die Forschung kann durch die Entwicklung und Diskussion neuer statistischer Methoden und Techniken einen Beitrag dafür leisten.

Inwieweit die Aufgabenträger der Daseinsvorsorge in Deutschland auf die bevorstehenden Herausforderungen reagieren, bleibt abzuwarten. In der Vergangenheit wechselten sich insbesondere Phasen der verstärkten privaten Leistungserstellung mit jenen durch die öffentliche Hand ab. Gleichwohl gibt es keine optimale Strategie oder eine optimale Zusammensetzung der Staatsausgaben für einen effektiven und effizienten Leistungsstaat. Ein langfristig solides Leistungsspektrum der Daseinsvorsorge hängt entscheidend von der kontinuierlichen Kontrolle und Einführung struktureller und institutioneller Veränderungen ab.

LITERATURVERZEICHNIS

Adam, A., Delis, M. und Kammas, P. (2011), Public sector efficiency: leveling the playing field between OECD countries, in: Public Choice, Nr. 146, S. 163-183

ADB – Asian Development Bank (2006). Key Indicators 2006, Measuring Policy Effectiveness in Healthand Education, Manila

AEUV (2012) – Vertrag über die Arbeitsweise der Europäischen Union, in der konsolidierten Fassung vom 26. Oktober 2012, (ABI. C 326, S.47-390)

Afonso, A. und St. Aubyn, M. (2005), Assessing Education and Health Efficiency in OECD Countries Using Alternative Input Measures, Banca d'Italia, Research Department, Proceedings of the Public Finance Workshop on Public Expenditure, S. 361 – 388

Afonso, A. und St. Aubyn, M. (2006), Cross-country Efficiency of Secondary Education Provision: A Semiparametric Analysis with Non-discretionary Inputs, Economic Modelling, 23(3), S. 476 – 491

Afonso, A., Ebert, W., Schuhknecht, L. und Thöne, M. (2005a), Quality of Public Finances and Growth, in: Deroose, S. und Kastrop, C. (2008): The Quality of Public Finances, Findings of the Economic Policy Committee-Working Group (2004-2007), European Economy Occasional Papers, Nr. 37, S. 39-60

Afonso, A., Romero, A. und Monsalve, E. (2013), Public Sector Efficiency: Evidence for Latin America, Inter-American Development Bank, Fiscal and Municipal Division, Discussion Paper, Nr. IDB-DP-279

Afonso, A., Schuknecht, L. und Tanzi, V. (2006), Public Sector Efficiency: Evidence for New EU Member States and Emerging Markets, in: Deroose, S. und Kastrop, C. (2008): The Quality of Public Finances, Findings of the Economic Policy Committee-Working Group (2004-2007), European Economy Occasional Papers, Nr. 37, S. 279-

Afonso, A., Schuknecht, L. und Tanzi, V. (2008), Income Distribution Determinants and Public Spending Efficiency, European Central Bank Working Paper Series, Nr. 861

Aristovnik, A. (2009): Public Sector Effi ciency and Effectiveness – an Application to the New EU Member States and Croatia, University of Ljubljana, Faculty of Administration, Paper for the 7th International Conference on Economic Integration, Competition and Cooperation, Opatija, Online: http://oliver.efri.hr/~euconf/2009/docs/session11/10%20Aristovnik.pdf, download v. 13.11.2015

Balaguer-Coll, M. T., Prior, D. und Tortosa-Ausina, E. (2007), On the determinants of local government performance: a two-stage nonparametric approach, in: European Economic Review, 51, S. 425–451

Baumol, W.J. und Bowen, W. (1968), Performing Arts – The economic dilemma, MIT Press

Bogumil, J. (2004), Ansätze einer Evaluation von New Public Managementmaßnahmen in ausgewählten OECD Ländern, in: Simon, K. (Hrsg.): Verwaltungen, Experten und Bürger im Reformprozess – Wirkungen und Evaluierung von Verwaltungszusammenarbeit mit Entwicklungsländern, Baden-Baden, S. 37 – 51

Borge, L. E., Falch, T. und Tovmo, P. (2008), Public sector efficiency: the roles of political and budgetary institutions, fiscal capacity, and democratic participation, in: Public Choice, 136, S. 475–495

Brümmerhoff, D. (2007), Finanzwissenschaft, 9. Auflage, Oldenbourg-Verlag, München

bvöd – Bundesverband Öffentliche Dienstleistungen (2013), EU-Bericht. Kommunale Abwassersammlung und –behandlung in Europa verbessert, Pressemitteilung Nr. 80, Online:http://www.bvoed.de/nr.-8813-kommunale-abwassersammlung-und-behandlung-in-europa-verbessert.html, download v. 11.12.2015

Charnes, A., Cooper, W.W. und Rhodes, E. (1978), Measuring the efficiency of decision making units, in: European Journal of Operational Research 2, S. 429-444

Charta der Grundrechte der Europäischen Union (2012), in der Fassung vom 26. Oktober 2012 (ABl. C 326, S. 391-407)

Conte, A., Schweizer, P., Dierx, A. und Ilzkovitz, F. (2009), An Analysis of the Efficiency of Public Spending and National Policies in the Area of R&D, European Economy, Occasional Paper, 54

Curristine, T., Lonti, Z. und Joumard, I. (2006), Improving Public Sector Efficiency: Challenges and Opportunities, in: Deroose, S. und Kastrop, C. (2008): The Quality of Public Finances, Findings of the Economic Policy Committee-Working Group (2004-2007), European Economy Occasional Papers, Nr. 37, S. 179-208

De Vries, M. und Nemec, J. (2013), Public sector reform: an overview of recent literature and research on NPM and alternative paths, in: International Journal of Public Sector Management, Nr. 26 (1), S. 4-16

Deprins, D., Simar, L. und Tulkens, H. (1984), Measuring Labor Efficiency in Post Public Enterprises: Concepts and Measurements. Amsterdam

Deutsche Gemeindeordnung (1935), zuletzt geändert und neu verfasst durch Verordnung Nr. 21 der Militärregierung vom 1. April 1946; gemäß Art. 123 Abs. 1 in Verbindung mit Artikeln 30, 124 und 125 des Grundgesetztes für die Bundesrepublik Deutschland vom 23. Mai 1949 aufgehoben

Drake, L. und Simper, R. (2001), The Economic Evaluation of Policing Activity: An Application of a Hybrid Methodology, in: European Journal of Law and Economics, 12(3), S. 173-192

EPC – Economic Policy Committee (2007), Report on „Quality of Public Finances"Issues. Work accomplished and way forward, in: Deroose, S. und Kastrop, C. (2008), The Quality of Public Finances, Findings of the Economic Policy Committee-Working Group (2004-2007), European Economy Occasional Papers, Nr. 37, S. 21-38

Erlandsen, E. (2007), Improving the Effi ciency of Health Care Spending: Selected Evidence on Hospital Performance, OECD Economics Department Working Paper, 555

Estache, A., González, M. und Trujillo, L. (2007), Government Expenditures on Education, Health and Infrastructure: A Naive Look at Levels, Outcomes and Efficiency, City University London, Department of Economics, Discussion Paper Series, Nr. 7

Europäische Kommission (2007), Initiatives to Improve the Effcency and Effectiveness of Public Spending, in: Deroose, S. und Kastrop, C. (2008): The Quality of Public Finances, Findings of the Economic Policy Committee-Working Group (2004-2007), European Economy Occasional Papers, Nr. 37, S. 209-222

Europäische Kommission (2011), Stellungnahme des Europäischen Wirtschafts- und Sozialausschusses zu der „Mitteilung der Kommission an das Europäische Parlament, den Rat, den Europäischen Wirtschafts- und Sozialausschuss und den Ausschuss der Regionen: Ein Qualitätsrahmen für Dienstleistungen von allgemeinem Interesse in Europa", COM(2011) 900 final

Eurostat (2011), Manual on sources and methods for the compilation of the COFOG Statistics, Classification of the Functions of Government (COFOG), Online: http://ec.europa.eu/eurostat/documents/3859598/5917333/KS-RA-11-013-EN.PDF, download v. 27.09.2015

Eurostat (2015), Ausgaben des Staatssektors in der EU, Pressemitteilung vom 7. Juli 2015

Evans, D. B., Tandon, A., Murray, C. und Lauer, J. A. (2000): The Comparative Efficiency of National Health Systems in Producing Health: An Analysis of 191 Countries, World Health Organization (WHO), GPE Discussion Paper Series, 29

Falch, T. (2001), Collective bargaining in the public sector and the role of budget determination, in: European Journal of Political Economy, 17, S. 75–99

Farrell, M.J. (1957), The Measurement of Productive Efficiency, in: Journal of the Royal Statistical Society. Series A (General), 120 (3), S. 253-290

Fleischmann, E. und Walder, H. (2007), Internationale Ansätze zur Verbesserung der Effizienz und Effektivität von Staatsausgaben, in: Das öffentliche Haushaltswesen in Österreich, Nr. 48 (3-4), S. 297-311

Forsthoff, E. (1938), Die Verwaltung als Leistungsträger, Stuttgart

Geys, B. (2006), Looking across borders: a test of spatial interdependence using local government efficiency ratings, in: Journal of Urban Economics, 60, S. 443–462

Geys, B., Heinemann, F. und Kalb, A. (2007), Local Governments in the Wake of Demographic Change: Efficiency and Economies of Scale in German Municipalities, Zentrum für Europäische Wirtschaftsforschung, Discussion Paper, Nr. 36

GG - Grundgesetz für die Bundesrepublik Deutschland vom 23. Mai 1949, zuletzt geändert durch Artikel 1 des Gesetzes vom 23. Dezember 2014, (BGBl. I S. 2438)

Gonand, F., Joumard, I. und Price, R. (2007),Public Spending Efficiency. Institutional Indicators in Primary and Secondary Education, OECD, Economics Department Working Paper, 543

Greene, W. (2003): Distinguishing between Heterogeneity and Inefficiency: Stochastic Frontier Analysis of the World Health Organization's Panel Data on National Health Cares Systems, New York University

Greiling, D. (2006), Performance measurement: a remedy for increasing the efficiency of public services?, in: International Journal of Productivity and Performance Management, Nr. 55 (6), S. 448-465

Gupta, S. und Verhoeven, M. (2001), The efficiency of government expenditure Experiences from Africa, in: Journal of Policy Modelling, Nr. 23, S. 433-467

Häkkinen, U.; Joumard, I. (2007) Cross-country Analysis of Efficiency in OECD Health Care Sectors: Options for Research, OECD Economics Department Working Paper, 554

Hammerschmidt, M., Wilken, R. und Staat, M. (2009), Methoden zur Lösung grundlegender Probleme der Datenqualität in DEA-basierten Effizienzanalysen, in: DBW, Nr. 2, S. 289-309

Handelsblatt online (2009), Wachstumsbranche. Spaniens Abfallwirtschaft, Online: http://www.handelsblatt.com/unternehmen/mittelstand/abfallwirtschaft-wachstumsbranche-spaniens-abfallwirtschaft/3268788.html, download v. 11.12.2015

Handler, H., Pitlik, H. und Schratzenstaller, M. (2013), Für einen produktiven und solide finanzierten Staat, Effizienz und Effektivität von Staatsausgaben (Teilstudie 3), WISO Diskurs, Online: http://library.fes.de/pdf-files/wiso/09603.pdf, download v. 22.03.2015

Hanushek, E. A. (2002), Publicly Provided Education, in: Auerbach, A. J. und Feldstein, M. (Hrsg.): Handbook of Public Economics, 4, S. 2045 – 2141

Hayes, K. J., Razzolini, L. und Ross, L. (1998), Bureaucratic choice and nonoptimal provision of public goods: theory and evidence, in: Public Choice, 94, S. 1–20

Henneke, H.-G. (2009), Die Daseinsvorsorge in Deutschland – Begriff, historische Entwicklung, rechtliche Grundlagen und Organisation, in: Krautscheidt, A. (Hrsg.): Die Daseinsvorsorge im Spannungsfeld von europäischem Wettbewerb und Gemeinwohl. Eine sektorspezifische Betrachtung, Wiesbaden, S.17-40

Hesse, M., Lenk, T. und Rottmann, O. (2009), Privatisierung der Wasserversorgung aus ordnungstheoretischer Perspektive, Arbeitspapier Nr. 40 Institut für öffentliche Finanzen und Public Management, Universität Leipzig

Hollingsworth, B. (2003), Non-parametric and Parametric Applications Measuring Efficiency in Health Care, Health Care Management Science, 6(4), S. 203 – 219

Hoppe, W., Uechtritz, M. (Hrsg.) und Reck, J. (2012), Handbuch Kommunale Unternehmen, 3. Auflage, Köln

IWF – Internationaler Währungsfonds (2015), Fiscal Decentralization and the Efficiency of Public Service Deliery, Working Paper, Nr. 15/59

Jayasuriya, R. und Wodonm, Q. (2003), Measuring and Explaining Country Efficiency in Improving Health and Education Indicators, in: Efficiency in Reaching the Millennium Development Goals, World Bank Working Paper, 9, S. 5 – 16

Jonker, J.-J. (2012), Countries compared on public performance. A study of public sector performance in 28 countries, The Netherlands Institute for Social Research, The Hague

Joumard, I., André, Ch. und Nicq, Ch. (2010), Health Care Systems, Efficiency and Institutions, OECD Economics Department Working Paper, Nr. 769

Keller, S. (2009), Wasserversorgung, in: Krautscheid, A.(Hrsg.) (2009), Die Daseinsvorsorge im Spannungsfeld von europäischem Wettbewerb und Gemeinwohl, Eine sektorspezifische Betrachtung, Verlag für Sozialwissenschaften, S. 179-188

Kersten, J. (2009), Wandel der Daseinsvorsorge – Von der Gleichwertigkeit der Lebensverhältnisse zur wirtschaftlichen, sozialen und territorialen Kohäsion, in: Neu, C. (Hrsg.) (2009), Daseinsvorsorge. Eine gesellschaftswissenschaftliche Annäherung, 1. Auflage, VS Research, Wiesbaden, S. 22-38

Koopman, T.C., (1951), An analysis of production as an efficient combination of activities, in: Koopman, T.C. (Hrsg)., Activity Analysis of Production and Allocation, Proceeding of a Conference, S. 33-97, London

Kriese, M. (2008), Effizienz sächsischer Gemeinden, ifo Dresden berichtet, 5/2008, S. 3 – 13

La Porta, R., López-de-Silanes, F., Shleifer, A. und Vishny, R. (1999), The Quality of Government, in: Journal of Law, Economics, and Organization, 15(1), S. 222 – 279

Mandl, U., Dierx, A. und Ilzkovitz, F. (2008), European Economy, The effectiveness and efficiency of public spending, Economic Papers, Nr. 301, Online: http://ec.europa.eu/economy_finance/publications/publication11902_en.pdf, download v. 25.04.2015

Matecki, C. und Schulten, T. (Hrsg), (2013), Zurück zur öffentlichen Hand?, Chancen und Erfahrungen der Rekommunalisierung, VSA-Verlag, Hamburg

Migué, J. und Bélanger, G. (1974), Toward a general theory of managerial discretion, in: Public Choice, 17, S. 17-43

Mihaiu, D. (2014), Measuring Performance in the Public Sector: Between Necessity and Difficulty, in: Studies and Business in Economics, Nr. 9 (2), S. 40-50

Moene, K. O. (1986), Types of bureaucratic interaction, in: Journal of Public Economics, 29, 333–345

Neu, C. (2009), Daseinsvorsorge. Eine gesellschaftswissenschaftliche Annäherung, 1. Auflage, VS Research, Wiesbaden

Niskanen, W.A. (1971), Bureaucracy and Representative Government, New York

OECD (2009), Health at Glance 2009. OECD Indicators, OECD Publishing, Paris

OECD (2011), Government at a Glance 2011. OECD Indicators, OECD Publishing, Paris

OECD (2015a), Education at a Glance 2015. OECD Indicators, OECD Publishing, Paris

OECD (2015b), Health at a Glance 2015. OECD Indicators, OECD Publishing, Paris

Panetta, O. (2007), Daseinsvorsorge zwischen Beihilfe- und Vergaberecht. Eine Untersuchung anhand der neuesten Entwicklungen auf dem Wassermarkt unter besonderer Berücksichtigung der In-house-Rechtsprechung sowie der Altmark-Trans-Rechtsprechung des EuGH, Europäische Hochschulvorschriften, Reihe II, Bd. 4601, Frankfurt am Main

Pareto, V. (1897), Cours d'Economique Politique

Pasterniak, A. (2006), Budgetregeln und die Qualität der öffentlichen Finanzen. Europäische Perspektiven und österreichische Praxis, 1. Auflage, Deutscher Universitätsverlag

Peltzman, S. (1973), The Effect of government subsidies-in-kind on private expenditures: the case of higher education, in: Journal of Political Economy, 81, S. 1–27

Persson, T. und Tabellini, G. (2001), Political Institutions and Policy Outcomes: What are the Stylised Facts?, Online: ftp://ftp.igier.uni-bocconi.it/wp/2001/189.pdf, download v. 13.11.2015

Pitlik, H., Handler, H., Reiter, J., Pasterniak, A. und Kostal, T. (2008), Effizienz der Ausgabenstrukturen des öffentlichen Sektors in Österreich, Österreichisches Institut für Wirtschaftsforschung, Wien

Pitlik, H., Handler, H., Reiter, J., Pasterniak, A. und Kostal, T. (2008), Effizienz der Ausgabenstrukturen des öffentlichen Sektors in Österreich, Österreichisches Institut für Wirtschaftsforschung, Wien

Reichard, C. (2003), Das Konzept des Gewährleistungsstaates. Referat auf der Jahrestagung 2003 des Wissenschaftlichen Beirates der GÖW, Online: http://www.econbiz.de/archiv/p/up/public_management/konzept_gewaehrleistungsstaat,download v. 12.09.2015

Resch, H. (2015), Branchenanalyse Zukunft des ÖPNV, Entwicklungstendenzen und Chancen, Studie Hans-Böckler-Stiftung, Nr. 302

Sánchez, A.M. und Bermejo, L.R. (2007), Public Sector Performance and Efficiency in Europe: The Role of Public R&D, Institute of Social and Economic Analysis, Working Paper Series, Nr. 1

SCP – Social and Cultural Planning Office (2004), Public Sector Performance, An international comparison of education, health care, law and order and public administration, The Hague

Seckelmann, M. (2008), Die historische Entwicklung kommunaler Aufgaben, in: dms – der moderne staat – Zeitschrift für Public Policy, Recht und Management, Heft 2, S. 267-284

Strauch, R. und von Hagen, J. (2000), Institutions, Politics and Fiscal Policy, Boston

Sutherland, D. und Price, R. (2007), Linkages between Performance and Institutions in the Primary and Secondary Education Sector, OECD, Economics Department Working Paper, 558

Tanzi V. und Schuknecht, L. (2000), Public Spending in the 20th century, a global perspective, Cambridge

Tanzi, V. und Schuknecht, L. (1997), Reconsidering the Fiscal Role of Government. The International Perspective, in: American Economic Review, 87(2), S. 164-168

Tulkens, H. (1993), On FDH Efficiency Analysis: Some Methodological Issues and Applications to Retail Banking, Courts and Urban Transit, in: JPA 4, S. 183-211

UNESCO (2011): International Standard Classification of Education, online: http://www.uis.unesco.org/Education/Documents/isced-2011-en.pdf , download v. 09.12.2015

Vereinte Nationen (2015), Detailed Structure and explanatory notes, Online: http://unstats.un.org/unsd/cr/registry/regcs.asp?Cl=4&Lg=1&Co=04.5.3, download v. 12.09.2015

Wetzel, H. (2008), Productivity Growth in European Railways, Technological Progress, Efficiency Change and Scale Effects, University of Lüneburg, Working Paper Series in Economics, Nr. 101

Williams, D.W. (2003), Measuring government in the early 20th century, in: Public Administration Review, Vol. 63 (6), S. 643-659

Wilson, P. W. (2004), A Preliminary Non-parametric Analysis of Public Education and Health Expenditures in Developing Countries, The World Bank

Wintrobe, R. (1997), Modern bureaucratic theory, in: Mueller, D. (Hrsg.), Perspectives in public choice: a handbook, New York

Wyckoff, G. (1990), Bureaucracy, inefficiency, and time, in: Public Choice, 67, S.169–179

ANHANG

Tabelle A – Primärdaten zu Daseinsvorsorge-Indikatoren

Land	Zugang Wasseraufbereitungsanlage		Kompostierbarer Abfall aus Biomasse		Kommunaler Abfall		Nettoeinschreiberate sekundäre Bildung	
	2001	2011	2001	2011	2001	2011	2001	2011
Australien	90	87	30	41			87	86
Belgien	80	88	50	57	141	147	86	96
Dänemark	88	91	31	43			90	91
Deutschland	95	97	52	63	104	101		
Finnland	81	83	32	35			94	93
Frankreich	82	82	26	37			91	96
Griechenland	85	88	9	18	152	186	83	99
Irland	93	69	13	40	147	157	89	99
Island	90	91	16	39			82	88
Italien	94	94	19	37			88	92
Japan	64	76	15	19	109	90	100	99
Kanada	74	87	21	24				
Luxemburg	93	99	37	46	128	128	81	86
Neuseeland					91	74	91	97
Niederlande	98	99	51	49	129	128	90	89
Norwegen	81	85	44	40	81	120	94	96
Österreich	86	95	56	57	134	150		
Portugal	67	81	9	20	150	173	80	95
Schweden	86	99	39	48	122	135	95	91
Schweiz	96	97	47	50	117	136	84	83
Spanien	93	98		27			91	95
USA	75	74	29	35	116	120	86	87
Vereinigtes Königreich	97	100	12	42	129	118	95	97
Durchschnitt	85.82	89.09	30.38	39.41	123.33	130.87	88.85	92.75

Leere Zelle bedeutet fehlender Wert; Wert von 0 geht zurück auf Messeinheit der Daten (Stichprobenwerte sind sehr klein, aber größer Null)

Tabelle A – Fortsetzung

Land	Abschlussquote sekundäre Bildung		Ergebnis PISA Mathematik		Lebenserwartung bei Geburt		Säuglingssterblichkeit	
	2001	2011	2003	2012	2001	2011	2001	2011
Australien	59	74	522	497.82	80	82	5	4
Belgien	59	71	525	508.94	78	81	5	4
Dänemark	80	77	506	493.03	77	80	5	3
Deutschland	83	86	499	506.63	78	81	4	3
Finnland	74	84	541	520.18	78	80	3	2
Frankreich	64	72	507	490.85	79	82	4	4
Griechenland	51	67	436	448.98	78	81	7	4
Irland	58	73	495	493.7	77	81	6	3
Island	57	71	523	495.9	81	82	3	2
Italien	43	56	457	475.79	80	82	4	3
Japan	83		530	527.01	81	83	3	2
Kanada	82	89	530	513.02	79	81	5	5
Luxemburg	53	77	485	477.12	78	81	4	2
Neuseeland	76	74	516	492.06	79	81	6	5
Niederlande	65	72	535	517.74	78	81	5	4
Norwegen	86	82	492	488.29	79	81	4	3
Österreich	77	82	502	494.46	79	81	5	3
Portugal	20	35	460	481.3	77	80	5	3
Schweden	81	87	506	479.63	80	82	3	2
Schweiz	87	86	518	524.47	80	83	5	4
Spanien	40	54	481	475.96	79	82	5	4
USA	88	89	480	479	77	79	7	6
Vereingtes Königreich	63	77	487	487.81	78	81	5	4
Durchschnitt	66.48	74.32	501.43	494.33	78.70	81.22	4.70	3.43

Leere Zelle bedeutet fehlender Wert; Wert von 0 geht zurück auf Messeinheit der Daten (Stichprobenwerte sind sehr klein, aber größer Null)

Tabelle A – Fortsetzung

Land	Anzahl Krankenhausbetten		Durchschnittlicher Krankenhausaufenthalt		Beförderte Personen im Schienenverkehr		Energieproduktivität	
	2001	2011	2001	2011	2001	2011	2001	2011
Australien	3950	3790	6.2	4.9	11979	14986		
Belgien	7660	6350	7.6	7.1	8036	11003	4.3	5.7
Dänemark	4220	3130	3.8	3.5	5721	6890	5.4	9.4
Deutschland	9010	8220	9.8	7.9	75754	85414	2.4	8
Finnland	7460	5520	7	6.9	3283	3882		
Frankreich	7830	6360	5.7	5.7	71119	88732	5.2	6.9
Griechenland	4770	4840	6.2	5.3	1797	958	6.4	8.1
Irland	5860	2890	6.5	5.9			6.7	10.6
Island	4160	3310	5.6	5.3	1515	1638		
Italien	4610	3520	7	6.8	46752	49993	7.6	9
Japan	14580	13400	23.5	17.9	385402	395067		
Kanada	3690	2740	7.3	7.6	1553	1404		
Luxemburg	6390	5280	7.5	7.3	346	349	5.3	7.6
Neuseeland	2400	2800	4.5	6				
Niederlande	4650	4660	8.6	5.8	15500	16808	5.4	6.8
Norwegen	3820	4190	5.8	6.1	3273	3076	5.3	8.1
Österreich	7850	7680	7.4	6.5	8240	10899	6.6	8.1
Portugal	3650	3370	7.4	7	3899	4143	6.4	8.7
Schweden	3270	2710	6.7	5.7	8732	11378	4.2	6
Schweiz	6040	4870	9.2	6.5	13301	19471		
Spanien	3590	3050	7	6.1	20828	22795	5.2	8.7
USA	3470	2970	5.8	5.4	8946	10570		
Vereinigtes Königreich	4040	2880	7.4	5.9	38612	56059	6.1	8.4
Durchschnitt	5520.43	4718.70	7.54	6.66	34980.38	38834.05	5.50	8.01

Leere Zelle bedeutet fehlender Wert; Wert von 0 geht zurück auf Messeinheit der Daten (Stichprobenwerte sind sehr klein, aber größer Null)

Tabelle A – Fortsetzung

Land	Energieintensität		jährlicher Frischwasserverlust		jährlicher Wasserverlust	
	2001	2011	2001	2011	2001	2011
Australien	6	6	23	23	1151.5	629.4
Belgien	6	6	8	6	680	572.1
Dänemark	4	3	1	1	132	174.1
Deutschland	5	4	39	32	461.5	404
Finnland	8	7	2	2	447.1	1245.9
Frankreich	5	4	32	32	564	447.9
Griechenland	4	4	9	9	892.6	848.5
Irland	4	3		1	193.3	167
Island	14	20	0	0	575.3	557.7
Italien	4	3	45	45		898.4
Japan	5	4	90	90	671.6	638.8
Kanada	9	7		42	1301.1	1025.1
Luxemburg	4	4	0	0		89.9
Neuseeland	7	5	5	5		1191.1
Niederlande	5	5	9	11	555.6	609.6
Norwegen	4	4	2	3	542.4	642.6
Österreich	4	4	4	4		
Portugal	4	4	8	8		
Schweden	7	5	3	3	300.8	286.8
Schweiz	3	3	3	3	351.3	
Spanien	4	4	36	32	886.7	784.2
USA	7	6	473	478	1634.3	1582.6
Vereinigtes Königreich	5	4	16	13	173.8	121.4
Durchschnitt	5.57	5.17	38.48	36.65	639.72	645.86

Leere Zelle bedeutet fehlender Wert; Wert von 0 geht zurück auf Messeinheit der Daten (Stichprobenwerte sind sehr klein, aber größer Null)

Tabelle B – Primärdaten zu den Indikatoren der Kernaufgaben des Staates

Land	durchschnittliches BNE zu Marktpreisen (2001 - 2011)	durchschnittlicher Einkommensanteil von 20% der ärmsten Bevölkerung (2001 - 2011)	durchschnittliche Inflationsrate (2001 - 2011)	Varianz des BIP-Wachstums (2001 - 2011)	BIP pro Kopf in PPP		durchschnittliches BIP-Wachstum (2001 - 2011)	durchschnittliche Arbeitslosenquote (2001 - 2011)
					2001	2011		
Australien	28.75	7.03	3.04	0.68	25.3	33.3	2.97	5.35
Belgien	28.58	8.36	2.21	2.4	25	31.1	1.52	7.7
Dänemark	29.59	8.46	2.12	4.82	25.9	32.7	0.76	5.15
Deutschland	27.87	7.96	1.6	7	23.8	31.8	1.18	8.56
Finnland	27.64	6.21	1.7	11.57	23.6	30.4	1.83	8.12
Frankreich	26.34	8.05	1.74	2.32	23.5	28.2	1.3	8.71
Griechenland	21.18	6.52	3.31	23.66	17.9	20.1	0.87	10.46
Irland	28.03	7.77	2.52	14.6	27.3	34.5	2.57	6.97
Island	26.84	9.02	6.07	17.88	26.8	29.8	2.77	4.08
Italien	23.38	6.66	2.23	4.17	24.2	26.8	0.36	7.95
Japan	25.6	7.37	-0.25	6.03	25.9	22.8	0.68	4.65
Kanada	28.68	7.05	2.11	2.67	25.7	31.2	2.01	7.14
Luxemburg	44.76	7.94	2.36	9.49	48.2	68.6	2.71	4.18
Neuseeland	20.51		2.78	3.6	19.1	23.9	2.52	4.93
Niederlande	32.4	8.3	2.05	3.7	28.1	35	1.41	3.61
Norwegen	40.9	8.83	1.95	2.08	32.4	47.3	1.52	3.57
Österreich	29.75	8.17	2.06	3.7	25.6	33.2	1.66	4.34
Portugal	18.21	6.81	2.58	2.79	15.9	20.3	0.52	7.81
Schweden	30.39	8.9	1.65	8.15	33	25.6	1.99	6.84
Schweiz	36.24	7.57	0.8	3.26	30.1	41.2	2.2	3.8
Spanien	23.25	6.38	2.84	5.54	19.9	24.5	1.87	12.99
USA	36.22	4.97	0.46	3.13	31.9	37.5	1.66	6.45
Vereinigtes Königreich	28.16	6.9	2.32	4.8	24.7	27.6	1.74	5.84
Durchschnitt	28.84	7.51	2.18	6.44	26.25	32.06	1.68	6.49

Tabelle C – Primärdaten zu den Staatsausgaben (in % des BIP)

Land	Abfallwirtschaft		Abwasserwirtschaft		Bildung		Gesundheit		ÖPNV/Verkehr		Strom- und Gasversorgung		Wasserversorgung	
	2001	2011	2001	2011	2001	2011	2001	2011	2001	2011	2001	2011	2001	2011
Australien					5.3	5.3	5.2	6					0.1	0
Belgien	0.2	0.3	0.2	0	6.4	6.2	5.9	7.8	2.1	2.8	0	1.5	0	0
Dänemark	0	0	0	0	7.9	7.8	6.7	8.7	1.7	2.1	2	1	0	0
Deutschland	0.2	0.2	0.2	0.1	3.6	4.3	7.7	8.1	1.7	1.5	2	0.5	0	0
Finnland	0.1	0	0	0	7.3	6.4	4.8	6.1	1.9	2.3	0	0	0	0.1
Frankreich	0.2	0.5	0.2	0.2	6.6	6	7.5	8.4	1.7	1.9	1.33	2.25	0.1	0.1
Griechenland		0.6		0.1	2.3	4.1	4.4	6.7		1.9	0	0		0.1
Irland	0.7	0	0.7	0.6	7.9	5.3	4.2	5.5	2	2	0.67	1.5	0.4	0.3
Island					9.2	8.1	7.3	7			0	0		
Italien	0.1	0.5	0.1	0	5.5	4.2	5.5	6.8	2.1	2	1.33	3.75	0.4	0.1
Japan						3.6	5.9	8.2						
Kanada							5.8	7.2						
Luxemburg	0.5	0.3	0.5	0.5	5	5.1	4.8	5.7	3.4	2.9	1.33	0.75	0.2	0.2
Neuseeland	0.4	0.6	0.4	0.6	5.6	5.8	5.8	7.8	2.4	2.5	2.67	0.75		
Niederlande	0.1	0.2	0.1	0.3	6.3	5.6	4.7	9.1		2.5			0	0.2
Norwegen					5.4	5.6	6.3	7.4		3			0	
Österreich	0.2	0	0.2	0.1	8.6	6.8	7	7.5	2.6	2.3	0	0		
Portugal	0.2	0.2	0	0.1	6.7	6.1	5.9	6.4	2.8	2.8	0.67	0	0.3	0.3
Schweden		0.2	0	0.3			6.3	9	2.2	2.8	0.67	0.75	0.3	0.1
Schweiz	0.4	0.2	0.2	0			5.2	6.8	1.9	2.3	1.33	0.75	0.2	0.1
Spanien	0.4	0.5	0.2	0.1	5.3	4.7	4.9	6.7		2.3				
USA	0.5	0.7	0	0	8.5	6.5	5.5	7.9	1.1	1.7	0	0.75	0	0
Vereinigtes Königreich					6.2	6.5	5.3	7.4						
Durchschnitt	0.27	0.29	0.20	0.18	6.29	5.73	5.77	7.31	2.11	2.31	0.88	0.89	0.14	0.09

Leere Zelle bedeutet fehlender Wert; Wert von 0 geht zurück auf Messeinheit der Daten (Stichprobenwerte sind sehr klein, aber größer Null)

Tabelle C – Fortsetzung

Land	Gesamtausgaben des Staates	Transfers und Subventionen	Güter und Dienstleistungsausgaben
	2001-2011	2001-2011	2001-2011
Australien			
Belgien	50.77	15.39	22.46
Dänemark	53.14	16.29	25.43
Deutschland	45.92	17.14	18.54
Finnland	50.10	15.93	21.84
Frankreich	53.50	17.82	22.88
Griechenland	50.63	16.55	21.44
Irland	39.54	10.40	17.13
Island	45.09	6.48	23.97
Italien	47.97	16.86	19.37
Japan	38.21	11.97	18.70
Kanada	40.08	10.23	19.34
Luxemburg	41.18	14.70	16.01
Neuseeland			
Niederlande	44.55	10.41	23.64
Norwegen	43.89	13.25	20.38
Österreich	51.27	18.61	19.28
Portugal	46.64	14.24	20.28
Schweden	52.12	14.51	25.05
Schweiz	33.46	9.98	10.97
Spanien	40.70	12.49	18.16
USA	38.24	12.60	15.61
Vereinigtes Königreich	43.90	13.07	20.27
Durchschnitt	45.28	13.76	20.03

Tabelle D – Übersicht über verwendete Datenquellen, Messeinheiten und Variablen

Indikator, Variable	Beschreibung	Quelle, Anmerkungen
Abwasserwirtschaft	Zugang zu einer Wasseraufbereitungsanlage (in % der Bevölkerung)	OECD (2015): Waste water treatment, doi: 10.1787/ef27a39d-en
Abfallwirtschaft	Kompostierbarer Abfall aus Biomasse, Biogas, Industrie- und Haushaltsabfällen (in % des Gesamtenergieverbrauchs)	Weltbank (2015): Combustible renewables and waste (world indicator), http://data.worldbank.org/indicator/EG.USE.CRNW.ZS
	Kommunaler Abfall-Index (indiziert 1990 = 100)	OECD (2015): Municipal waste, generation and treatment, doi: 10.1787/89d5679a-en
Bildung	Nettoeinschreiberate der Schulpflichtigen, die eine Einrichtung der sekundären Bildung besuchen (in %)	Weltbank (2015): School enrollment, secondary (world indicator), http://data.worldbank.org/indicator/SE.SEC.NENR
	Anteil der 25-64-Jährigen an der Bevölkerung, die mindestens einen Abschluss der oberen sekundären Bildung haben (in %)	OECD (2014): Education at a Glance. OECD Indicators, Tabelle A1.2, S. 43
	Abschneiden im mathematischen Teil des PISA-Tests, durchschnittlicher Wert	OECD (2015): Mathematics performance (PISA), doi: 10.1787/04711c74-en
Gesundheit	Lebenserwartung bei Geburt (in Jahren)	Weltbank (2015): Life expectancy at birth (world development indicator), http://data.worldbank.org/indicator/SP.DYN.LE00.IN
	Säuglingssterblichkeit (Anzahl der Kinder, die das erste Lebensjahr nicht erreichen, pro 1000 Lebendgeburten)	Weltbank (2015): Mortality rate, infant (world development indicator), http://data.worldbank.org/indicator/SP.DYN.IMRT.IN
	Anzahl der verfügbaren Krankenhausbetten (pro 1000 Einwohner)	OECD (2015): Hospital beds, doi: 10.1787/0191328e-en
	durchschnittliche Länge des Krankenhausaufenthalts (in Tagen)	OECD (2015): Length of hospital stay, doi: 10.1787/8dda6b7a-en
ÖPNV	Beförderte Personen im Verkehrssystem Eisenbahn (in Mio. Personenkilometern)	OECD (2015): Passenger transport, doi: 10.1787/463da4d1-en
Strom- und Gasversorgung	Energieproduktivität (in KKS pro Kilogramm Rohöl)	Eurostat (2015): Energieproduktivität, Code: t2020_rd310

	Energieintensität (in MJ/KKS)	Weltbank (2015): Verhältnis zwischen primärem Energieangebot und Wirtschaftsleistung (world development indicator), http://data.worldbank.org/indicator/EG.EGY.PRIM.PP.KD
Wasserversorgung	Jährlicher Frischwasserverlust (in Mrd. Kubikmeter)	Weltbank (2015): Annual freshwater withdrawals (world development indicator), http://data.worldbank.org/indicator/ER.H2O.FWTL.K3/countries
	Jährlicher Wasserverlust (in Kubikmeter pro Kopf)	OECD (2015), Water withdrawals (indicator). doi: 10.1787/17729979-en
Distribution	Bruttonationaleinkommen zu Marktpreisen (Durchschnitt 2001-2011, in KKS)	Europäische Kommission, AMECO Datenbank, Gross National Income at current proces per head of population, http://ec.europa.eu/economy_finance/ameco/user/serie/ResultSerie.cfm
	Einkommensanteil von 20% der ärmsten Haushalte (Durchschnitt 2001-2011, in %)	Weltbank (2015), Income Share held by fourth of 20%,
Stabilität	Inflationsrate (Durchschnitt 2001-2011, in %)	OECD (2015): Inflation (CPI), doi: 10.1787/eee82e6e-en
	Wachstumsvariabilität als Koeffizient der Varianz des BIP-Wachstums (Durchschnitt 2001-2011)	Weltbank (2015): GDP Growth (world development indicator), http://databank.worldbank.org/data/reports.aspx?source=2&country=&series=NY.GDP.MKTP.KD.ZG&period=#
Wirtschaftsleistung	Bruttoinlandsprodukt pro Kopf (2001, 2011 in KKS)	Europäische Kommission (2015): AMECO Datenbank, Code: hvgdp
	Wachstum des Bruttoinlandsprodukts (Durchschnitt 2001-2011, in %)	Weltbank (2015): GDP Growth (world development indicator), http://databank.worldbank.org/data/reports.aspx?source=2&country=&series=NY.GDP.MKTP.KD.ZG&period=#
	Arbeitslosenquote (Durchschnitt 2001-2011, in %)	Weltbank (2015): Unemployment Rate (world development indicator), http://databank.worldbank.org/data/reports.aspx?source=2&country=&series=SL.UEM.TOTL.ZS&period=
Staatsausgaben gesamt (COFOG)	Ausgaben des Staates gemäß COFOG 00 (in % des BIP)	OECD (2013): Government at a Glance, Abbildung 3.22, S. 75
Ausgaben Abfallwirtschaft	Ausgaben des Staates gemäß COFOG 05.1 (in % des BIP)	Eurostat (2015): Ausgaben des Staates nach Aufgabenbereichen (COFOG), Code: gov_10a_exp
Ausgaben Abwasser-wirtschaft	Ausgaben des Staates gemäß COFOG 05.2 (in % des BIP)	Eurostat (2015): Ausgaben des Staates nach Aufgabenbereichen (COFOG), Code: gov_10a_exp
Ausgaben Gesundheit	Ausgaben des Staates gemäß COFOG 07 (in % des BIP)	OECD (2015): Health expenditure and financing, doi: 10.1787/8643de7e-en
Ausgaben Bildung	Ausgaben des Staates gemäß COFOG 09 (in % des BIP)	OECD (2013): Government at a Glance, Abbildung 3.26, S. 77
Ausgaben	Ausgaben des Staates gemäß COFOG	Eurostat (2015): Ausgaben des Staates nach Aufgabenbereichen (COFOG), Code:

ÖPNV/Verkehr	04.5 (in % des BIP)	gov_10a_exp
Ausgaben Bremnstoffe und Energie	Ausgaben des Staates gemäß COFOG 04.3 (in % des BIP)	Eurostat (2015): Ausgaben des Staates nach Aufgabenbereichen (COFOG), Code: gov_10a_exp
Ausgaben Wasserversorgung	Ausgaben des Staates gemäß COFOG 06.3 (in % des BIP)	Eurostat (2015): Ausgaben des Staates nach Aufgabenbereichen (COFOG), Code: gov_10a_exp
Staatsausgaben gesamt	Ausgaben des öffentlichen Sektors auf Gesamtstaatlevel (in % des BIP zu Marktpreisen)	Europäische Kommission, AMECO Datenbank, Code: UUTG/UUTGF
Transfers und Subventionen	Sozialtransfers (in % des BIP zu Marktpreisen)	Europäische Kommission, AMECO Datenbank, Code: UYTGH/UYTGHF
Güter und Dienstleistungen	finale Konsumausgaben des Staates (in % des BIP zu Marktpreisen)	Europäische Kommission, AMECO Datenbank, Code: UCTG